PROJEKTREIHE KINDERGARTEN

DER WELTRAUM

Anja Mohr · Rebecca Meyer

Kaufmann Verlag

Bibliografische Information der Deutschen Bibliothek
Die Deutsche Bibliothek verzeichnet diese Publikation in der Deutschen Nationalbibliografie; detaillierte bibliografische Daten sind im Internet über http://dnb.ddb.de abrufbar.

1. Auflage 2023

Texte: Anja Mohr
Illustrationen: Rebecca Meyer
Fotos: Anja Mohr mit Ausnahme von
Cover: © nikonomad_AdobeStock; Inhalt: Fond S. 7, 23, 35, 47, © Mahod84_shutterstock, S. 7 © 杰 李_AdobeStock, S. 23 © blackdiamond67_AdobeStock, S. 35 © Artsiom P_AdobeStock, S. 47 © muratart_AdobeStock

Druck und Bindung: ADverts Printing House

ISBN 978-3-7806-5196-9

Inhalt

3 MENSCHEN IM ALL

4 DER MOND UND DIE STERNE

KOPIERVORLAGEN

Liebe Erzieher*innen,

die unendliche Weite des Weltraums, das nicht Fassbare zieht uns Menschen, Erwachsene genauso wie Kinder, schon immer in den Bann. Auch wenn wir heute immer weitere technologische Fortschritte bei seiner Erforschung machen und neue Geräte und Mega-Teleskope uns bessere Bilder liefern, gibt es doch noch allerhand Rätselhaftes über den Weltraum und sehr viel, was wir noch nicht wissen.

In diesem Projektheft soll es aber nicht darum gehen, Wissen zu vermitteln oder Fragen abzuarbeiten. Stattdessen sollen die Kinder die Möglichkeit erhalten, sich mit allen Sinnen auf ein spannendes neues Projekt einlassen zu können, bei dem sie sich selbst Wissen über den Weltraum beschaffen. So erfahren die Kinder nachfolgend so einiges über unser Sonnensystem, lernen die Planeten darin kennen und werden sogar selbst zu Astronauten*. Und selbstverständlich wird auch die Bedeutung der Sonne als Mittelpunkt unseres Sonnensystems betrachtet.
Aber auch die Fantasie wird nicht zu kurz kommen: Kreativaktionen wie der Bau einer Rakete zum Spielen oder eines kleinen Sauerstofftanks – der auf Anregung meiner Kinder entstand, da wir im All ja nicht atmen können – sollen die spannenden Fakten und Details greifbarer gestalten. Die Kinder bekommen auch die Möglichkeit, tief in Rollenspiele einzutauchen und so eigene Erfahrungen zu machen.

Das Thema „Weltraum“ lässt Ihnen und Ihren Kindern viel Freiraum für die kindliche Neugier und Vorstellungskraft. Neben zahlreichen Kreativaktionen, Geschichten und Spielen wird das Heft noch mit vielen Kopiervorlagen ergänzt.

Das Motto unserer „Projektreihe Kindergarten“
Alle Ideen sollen Sie bei der Arbeit kompetent und zielführend unterstützen.
Darum sind sie:

- schnell einsatzbereit und leicht umsetzbar,
- in der Praxis mehrfach erprobt und für gut befunden,
- differenziert auf den Erfahrungs- und Wissenshorizont von Kindern im Alter von drei bis sechs Jahren ausgerichtet,
- klar strukturiert und im Buch schnell zu finden.

Ich wünsche Ihnen und Ihren Kindern ganz besonders viel Spaß beim Kennenlernen der unendlichen Weiten des Weltraums.

ANJA MOHR

* Zur besseren Lesbarkeit sprechen wir zukünftig von „Astronauten“ anstatt „Astronaut*innen“. Dies soll niemanden ausschließen, sondern ist einzig der Lesbarkeit geschuldet.

1

DER WELTRAUM

Genau wie die Stadt oder das Land, in dem wir leben, gehören auch etwas Wissen über den Weltraum und unser Sonnensystem dazu, wenn Kinder sich erste Begriffe von ihrer Umgebung machen. In diesem Kapitel gehen sie auf Entdeckungsreise dorthin.

1 Der Weltraum

SACHGESPRÄCH

ALTER ab 4 Jahren

ZIELE Sachwissen, Sprache, Ausdruck, Beobachtung

MATERIAL Bücher und Bilder zum Weltraum, Plakat, Farbstifte

Ein Blick nach oben in den (Nacht-)Himmel kann die Kinder schon direkt neugierig machen: Was sind die glitzernden Punkte da oben genau? Einen ersten Einblick in den Weltraum nah an unserer Erde erhalten die Kinder mit diesem Sachgespräch. Gleichzeitig können Sie sich einen Überblick darüber verschaffen, was die Kinder darüber schon alles wissen.

Der Einstieg in das Thema sollte in einer gemütlichen und einstimmenden Atmosphäre stattfinden. Ein ruhiger und leicht abgedunkelter Raum und Sitzkissen auf dem Boden ermöglichen es den Kindern, besser in die Atmosphäre einzutauchen. In der Mitte des Kreises legen Sie die Materialien aus.

Geben Sie den Kindern etwas Zeit, die Bilder und anderen Anschauungsmaterialien in der Kreismitte zu betrachten.
Besprechen Sie mit den Kindern, was sie angeschaut haben. Was könnte der Überbegriff dafür sein? Wenn das Wort „Weltraum“ fällt, schreiben Sie es auf das Plakat. Was wissen die Kinder alles über den Weltraum? Schreiben Sie die Schlagworte auf das Plakat oder lassen Sie die Kinder sie malen.

Zur Unterstützung können Sie einige Fragen stellen:

- Was ist der Weltraum?
- Was gibt es im Weltraum?
- Kennt ihr Planeten oder Sterne im Weltraum?
- Wie kommt man in den Weltraum?

Durch diese Gesprächsrunde erfahren Sie, was die Kinder schon alles über das Thema wissen. So kann Ihre Projektplanung in Abstimmung mit den Kindern erfolgen.
Hängen Sie das Plakat auf, kleben Sie die Bilder dazu und legen die Bücher aus. Auf diese Weise entsteht Ihre Projektecke und das Thema ist nun für die Kinder stets präsent.

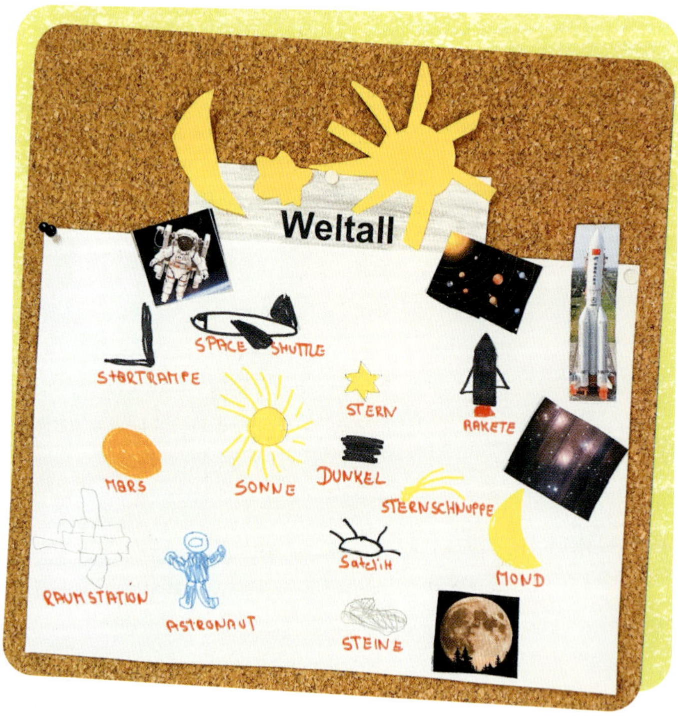

Unser Sonnensystem

Alles, was unsere Erde umgibt, nennt man Weltraum. Der Weltraum wird auch Weltall oder Universum genannt. Alle Sterne, Planeten und unsere Erde, alles, was wir sehen können, und alles, was so weit weg ist, dass wir es längst nicht mehr erkennen können, sind der Weltraum. In einem Sonnensystem umkreisen Planeten und andere Himmelskörper eine Sonne. Unser Sonnensystem entstand vor mehr als 4 Milliarden Jahren aus einer Wolke aus Gas und Staub. Zu dieser Zeit bildeten sich über Millionen von Jahren die Planeten unseres Sonnensystems inklusive der Erde, wie wir sie heute kennen, und nahmen ihre Bahnen rund um die Sonne ein. Die Sonne ist der Mittelpunkt unseres Sonnensystems. Sie ist ein Stern, der aus Gasen besteht und auf der Oberfläche eine Temperatur von 6.000 Grad Celsius erreicht. Die Planeten unseres Systems (Merkur, Venus, Erde, Mars, Jupiter, Saturn, Uranus und Neptun) umkreisen die Sonne. Die Planeten, die der Sonne am Nächsten sind, bewegen sich schneller um sie herum. Zudem drehen sich die Planeten noch um die eigene Achse: Bei der Erde dauert das 24 Stunden, beim Jupiter nur 9,8 Stunden, die Venus hingegen benötigt 243 Tage. Zusätzlich gibt es natürlich noch andere Himmelskörper, die unser Sonnensystem füllen, wie Zwergplaneten (beispielsweise Pluto), Asteroiden, Kometen und Meteoriten. Und auch Weltraumschrott gibt es rund um unsere Erde. Er besteht aus Überresten von Satelliten, von Raketen, Lacksplittern oder zum Beispiel verloren gegangenen Schraubenziehern von Reparaturarbeiten im All.

2 Unser Weltraum

KREATIVAKTION

ALTER ab 3 Jahren

ZIELE Feinmotorik, Fantasie, Kreativität

MATERIAL DIN-A3-Tonpapier in Schwarz, Acrylfarben in Blau, Gelb, Rot, Weiß, Pinsel, Zahnbürste, Sieb, Malkittel

Den Weltraum gestalten die Kinder bei dieser Kreativaktion mit Acrylfarben auf schwarzem Papier. So entstehen leuchtende Ergebnisse, die einen Blick in die Tiefen des Alls vermuten lassen.

Decken Sie den Tisch ab und lassen Sie die Kinder bei diesem Angebot unbedingt den Malkittel anziehen, da sich die Acrylfarbe nicht mehr aus der Kleidung entfernen lässt.

Die Kinder malen kleine rote, gelbe und blaue Kleckse ganz frei auf ihr schwarzes Blatt. Nun kommen noch ein paar weiße Kleckse dazu. Mit viel Wasser und einem dicken Pinsel ziehen die

Kinder die weißen Kleckse nach außen, sodass diese wie Kometen oder Meteoriten aussehen. Für kleinere Sterne können die Kinder einen Teil der weißen Acrylfarbe mit etwas Wasser verdünnen und die Zahnbürste in die weiße Farbe tauchen. Das Sieb nun über das Blatt halten und die Zahnbürste am Sieb reiben. Weiße „Sterne" spritzen jetzt quer über das Bild.
Die Kinder können nun so viele Sterne auf das Bild spritzen, wie sie möchten. Der Effekt kommt natürlich besonders gut heraus, wenn viele Sterne aufgespritzt sind.

3 Wie ist es im Weltraum?

SACHGESPRÄCH MIT VERSUCH

ALTER ab 5 Jahren

ZIELE Sprache, Ausdruck, Sachwissen, Zuhören

MATERIAL Malblätter, Stifte, zwei leere 1-Liter-Plastikflaschen, eine volle 1-Liter-Wasserflasche

Im Weltraum herrscht Schwerelosigkeit – alle Gegenstände und auch Menschen schweben. Schwere Dinge lassen sich mühelos hochheben. Bei uns auf der Erde schwebt nichts davon, weil die Erdanziehungskraft alles nach unten zum Boden zieht.

Laden Sie die Kinder zu einem Sitzkreis ein und fragen: „Wie ist es denn eigentlich im Weltraum?" Überlegen Sie gemeinsam, was passieren würde, wenn Sie jetzt gemeinsam dort

wären: Im Weltraum herrscht Schwerelosigkeit – es gibt kein Oben, kein Unten, alles schwebt. Aber wie wirkt sich Schwerelosigkeit aus? Geben Sie immer wieder Stichpunkte wie „fortbewegen“, „essen und trinken“, „Dinge heben“ oder auch „spielen“.
Bringen Sie jetzt den Mond ins Gespräch: Setzen Sie dazu das Gewicht eines Gegenstandes auf der Erde und auf dem Mond in Verbindung. Auf dem Mond herrscht weniger Anziehungskraft als auf der Erde, deshalb wiegt der gleiche Gegenstand dort „gefühlt“ weniger.
Zeigen Sie den Kindern die Getränkeflaschen. Füllen Sie die eine leere Flasche mit einem Liter Wasser und die andere mit ca. 160 ml. Dann sollen sich die Kinder vorstellen, dass sie auf der Erde stehen und die Getränkeflasche in der Hand halten. Jeder darf einmal die mit einem Liter gefüllte Flasche in den Händen halten. Dann sollen sie sich vorstellen, sie sind auf dem Mond. Geben Sie ihnen die 160-ml-Flasche in die Hand. Nun erklären Sie den Kindern, dass die 1-Liter-Flasche auf dem Mond leichter ist und sich wie die 160-ml-Flasche anfühlt. So hoch ist nämlich der Gewichtsunterschied auf Erde und Mond.
Danach teilen Sie an die Kinder Malblätter aus. Die Kinder können nun aufmalen, wie sie sich Dinge in der Schwerelosigkeit vorstellen.
Im Anschluss an die Malrunde dürfen die Kinder ihre Bilder vorstellen und beschreiben, welche Dinge auf ihrem Bild schwerelos sind.

TIPP Im Internet gibt es Bilder, wie Dinge schwerelos durch das All oder in bestimmten Flugzeugen oder Kammern fliegen.

Schwerkraft

Auf der Erde herrscht Gravitation (Erdanziehungskraft), das heißt, dass sich Massen gegenseitig anziehen, also Gegenstände und Lebewesen am Boden gehalten werden. Auch andere Planeten haben Gravitation. Je größer ein Himmelskörper ist, also je mehr Masse er hat, desto stärker ist seine Anziehungskraft. Die Anziehungskraft auf dem Mond ist z. B. sechsmal kleiner als auf der Erde, da der Himmelskörper kleiner und leichter ist als diese. Durch Fliehkräfte, die durch hohe Geschwindigkeiten entstehen, kann Gravitation aufgehoben werden. Daher schweben Astronauten bereits schwerelos in ihrer Raumkapsel, selbst wenn sich diese noch im Gravitationsfeld der Erde befindet.

Astronomie

Die Astronomie (vom Altgriechischen ástron = Stern und nómos = Gesetz), auch Sternkunde genannt, ist eine der ältesten Wissenschaften der Menschheit und beschäftigt sich mit den Gestirnen. Sie untersucht das Universum auf naturwissenschaftlicher Basis und mithilfe anderer Fachgebiete wie unter anderem Physik und Mathematik. Bei der Forschung stehen nicht nur die Positionen, Bewegungen und Eigenschaften der Himmelskörper im Mittelpunkt, sondern auch Sternsysteme, Materie und Strahlung, die im Weltraum zu finden sind.

4 Astronomie

SACHGESPRÄCH MIT SPIEL

ALTER ab 4 Jahren

ZIELE Wortschatz, Sachwissen, Sprache, Fantasie, Kreativität, Feinmotorik

MATERIAL Bild eines oder ein reales Teleskop, langes Seil, Küchenrollen, Fingerfarben, Pinsel, Schere, Kleber, Papier in verschiedenen Farben

Wissenschaftler, die sich mit dem Weltraum und den Himmelskörpern und Erscheinungen darin befassen, heißen auch Astronomen – und die passende Wissenschaft Astronomie. Lernen Sie mit den Kindern diese beiden Wörter hier kennen.

Kommen Sie mit den Kindern zusammen und zeigen ihnen das Bild eines Teleskops. Sie können hier auch das reale Teleskop zeigen. Die Kinder schauen sich das Teleskop genau an und beantworten folgende Fragen:

- Was ist zu erkennen?
- Für was verwendet man diesen Gegenstand?
- Wie heißt der Beruf, in dem ein Teleskop verwendet wird?

Unterstützen Sie die Kinder, indem Sie den Begriff „Weltraum" nennen. Dadurch werden die Kinder den Zusammenhang zwischen dem Teleskop und der Beobachtung des Weltraums verstehen. Führen Sie das Wort Astronom ein. Astronomen beobachten durch ein Teleskop die Sterne und die Planeten im Weltraum. Diese besonderen Teleskope sind sehr groß, damit sie ganz weit in den Weltraum blicken können.

Die Kinder können sich nun in zwei Gruppen einteilen. Eine Gruppe stellt sich nebeneinander an eine Wand. Im Abstand von ca. 3 Metern wird ein Seil am Boden entlanggelegt. An diese Seilmarkierung stellt sich die zweite Gruppe. Achten Sie auf eine gerade Anzahl der Kinder,

damit jedes Kind einem Partner gegenübersteht. Die Kinder an der Wand sind die Astronomen, sie erhalten eine Küchenpapierrolle als Teleskop. Die Kinder in der anderen Reihe stellen die Sterne dar.
Die kleinen Astronomen schauen durch das Teleskop und können ihren gegenüberliegenden Stern gut beobachten. Auf ihren Ruf drehen sich alle Astronomen zur Wand und die Sterne (zweite Kindergruppe) verteilen sich im Raum. Danach verschließen die Astronomen mit einer Hand ein Auge und schauen mit dem freien Auge durch ihr Teleskop, dann erst drehen sie sich um und suchen ihren Stern. Haben sie ihn gefunden, bewegen sie sich, weiter durch das Teleskop schauend, langsam auf ihren Stern zu. Wenn sie ganz nah vor ihm stehen, begrüßen sie ihn mit seinem Namen. Dann werden die Rollen getauscht.

Anschließend darf jedes Kind eine Rolle bemalen oder bekleben und als Teleskop mit nach Hause nehmen.

TIPP Haben Sie keine Küchenrollen, können Sie auch Rollen von Geschenkpapier oder einfach gerolltes festes DIN-A4-Papier für das Spiel verwenden.

Die Sonne

Die Sonne bildet den Mittelpunkt unseres Sonnensystems und alle Planeten drehen sich um sie. Die Sonne ist eine riesige Gaskugel, die aus Helium und Wasserstoff besteht. Sie ist ungefähr 150 Millionen Kilometer von unserem Planeten entfernt und das Sonnenlicht benötigt acht Minuten, um den Weg zur Erde zurückzulegen.
Das Gewicht der Sonne ist so groß, dass sie sich selbst zusammendrückt – dadurch entsteht im Inneren der Gaskugel ein immenser Druck. Temperaturen von 14 Millionen Grad entstehen im Inneren der Sonne. Bei dieser Hitze verschmelzen die Wasserstoffatome zu Helium und werden nun in Lichtenergie umgewandelt. Ebendiese Energie strahlt von der Sonne.
Die Anziehungskraft der Sonne sorgt dafür, dass sich die Planeten auf einer festen Umlaufbahn um die Sonne bewegen.

5 Die Sonne

SACHGESPRÄCH MIT EXPERIMENT

ALTER ab 4 Jahren

ZIELE Sachwissen, Wortschatz, Sprache, Ausdruck, Beobachtung

MATERIAL Bild der Sonne, 1.000 Würfelzucker (ca. 3 Packungen), Fußball, Erbse, Wasser, rote Lebensmittelfarbe, ein Esslöffel Stärke, Topf, Herd, schwarzes Tonpapier in DIN A4, Ölkreide oder Wachsmalstifte, Malblätter

Die Sonne in unserem Sonnensystem ist einfach riesig: viel größer als alle Planeten, die sich um sie drehen. Mit diesen Ideen können die Kinder den Größenunterschied sprichwörtlich begreifen.

Die Kinder betrachten das Bild der Sonne und beschreiben, was sie dort sehen. Erkennen sie unsere Sonne? Die Sonne ist der Mittelpunkt unseres Sonnensystems. Die Erde und noch sieben weitere Planeten (Merkur, Venus, Mars, Jupiter, Saturn, Uranus, Neptun) umkreisen sie. Wie groß ist die Sonne wohl im Vergleich zur Erde? Haben die Kinder davon eine Vorstellung? Lassen Sie sie schätzen.
Um die Größe der Sonne greifbarer zu gestalten, stellen Sie die drei Packungen Würfelzucker auf einen Tisch. Wie viele von diesen 1.000 Würfeln verteilen sich auf die Sonne und wie viele bleiben für die Erde übrig? Lassen Sie die Kinder verschiedene Möglichkeiten durchspielen. Das richtige Ergebnis ist 999,5 Würfel für die Sonne und nur einen halben für die Erde. Sie können auch noch als Vertiefung einen Fußball hinlegen und nebendran eine Erbse. Auch das

zeigt in etwa den Größenvergleich zwischen der Sonne und der Erde.
Auf der Sonnenoberfläche ist es sehr heiß, es brodelt richtiggehend darauf. Das ist ein faszinierender Vorgang. Mit einem einfachen „Küchenversuch" geben Sie den Kindern eine Vorstellung, wie es auf der Sonnenoberfläche aussieht: Füllen Sie in einen Topf etwa 0,5 cm rot eingefärbtes Wasser. Einen Esslöffel Stärke in das Wasser geben und rühren, bis die Stärke ganz aufgelöst ist. Den Herd auf höchster Stufe einschalten. Die Kinder sehen, was passiert. Die Masse beginnt zu brodeln und Blasen zu bilden. So sieht es auf der Sonne aus.
Anschließend malen die Kinder auf schwarzem Tonpapier mit den Ölkreiden oder Wachsmalstiften ihre eigene Sonne.
Wichtig: Achten Sie bei diesem Versuch auf ausreichend Abstand, da vielleicht doch etwas aus dem Topf spritzen kann.

6 Das Sonnensystem

SACHGESPRÄCH

ALTER ab 4 Jahren

ZIELE Sachwissen, Sprache, Ausdruck

MATERIAL Bild vom Sonnensystem

Die Sonne und die acht Planeten, die diese umkreisen, nennt man Sonnensystem. Die Erde ist einer dieser acht Planeten. Nur drei der acht Planeten in unserem Sonnensystem haben offizielle „Entdecker". Der Grund dafür ist einfach: Alle anderen Planeten konnten schon immer mit bloßem Auge gesehen werden.

Laden Sie die Kinder zu einem Sitzkreis ein und legen Sie das Bild vom Sonnensystem dazu. Fragen Sie die Kinder, was sie erkennen. Vielleicht nennt auch schon irgendjemand das Wort „Sonnensystem".
Erklären Sie das Wort „Sonnensystem" – man nennt es so, weil die Sonne in der Mitte steht und alle anderen Planeten diese umkreisen.
Benennen Sie nacheinander die acht Planeten und geben Sie besondere Eigenschaften der einzelnen Planeten wieder, die die Kinder spannend finden könnten.

Merkur ist der erste Planet im Sonnensystem. Er flitzt in nur 88 Tagen einmal um die Sonne. Der Merkur ist eine kleine, felsige Welt. An seiner Oberfläche kann man viele Krater von Einschlägen von Meteoriten sehen.

Die **Venus** ist der zweite Planet im Sonnensystem. Sie hat ungefähr die gleiche Größe und besteht aus den gleichen Gesteinsarten wie die Erde. Sie ist uns näher als jeder andere Planet. Dutzende von Raumsonden haben die Venus bereits besucht, sie zeigen viele Tausend Vulkane und Einschlagkrater.

Die Planeten in unserem Sonnensystem

Es gibt einen Satz, wie man sich die Planeten merken kann:
Mein – Merkur
Vater – Venus
erklärt – Erde
mir – Mars
jeden – Jupiter
Sonntag – Saturn
unseren – Uranus
Nachthimmel – Neptun

Der **Mars** wird häufig als der „rote Planet" bezeichnet, weil er am Nachthimmel wie ein orangeroter Stern erscheint. Auf dem Mars herrscht eine mittlere Temperatur von minus 60 Grad Celsius, so kalt wie in der Antarktis. Da die Atmosphäre dort auch eine andere Zusammensetzung hat, könnte der Mensch dort nur mit Sauerstoffmasken und Spezialanzügen überleben.

Der **Jupiter** ist der fünfte Planet unseres Sonnensystems. Er ist so groß, dass alle anderen Planeten problemlos in ihn hineinpassen würden. Trotz seiner Größe ist Jupiter aber der Planet, der sich am schnellsten dreht. Für eine Drehung um sich selbst braucht er weniger als zehn Stunden. Jupiter ist eine gigantische Gaskugel ohne feste Oberfläche.

Saturn ist der sechste Planet im Sonnensystem und der zweitgrößte. Er besteht aus leichten Gasen und dreht sich so schnell, dass er am Äquator auseinandergedrückt und so verformt wird. Am auffälligsten sind die Ringe, die den Saturn umgeben. Außerdem hat er mehr als 80 Monde.

Der **Uranus** ist der siebte Planet in unserem Sonnensystem. Er bewegt sich sehr langsam und eine Sonnenumrundung dauert mehr als 80 Jahre. Auf der Oberfläche ist es mit mehr als minus 200 Grad Celsius eiskalt.

Der **Neptun** ist ein nahezu identischer Zwilling zum Uranus. Sein Innenleben besteht aus Eis und möglicherweise einem felsigen Kern. Die Atmosphäre ist sehr kalt (220 °C) und ein Tag auf der Erde entspricht sechs Tagen auf dem Neptun.

7 Die Sonne und die Planeten

KREATIVAKTION

ALTER ab 4 Jahren

ZIELE Feinmotorik, Sachwissen

MATERIAL 9 Luftballons, Fingerfarben in Gelb, Grau, Blau, Weiß, Orange, Rot, Hellblau, Pinsel, Zeitung, weißes Papier, Faden, Kleister, Wasser

Ihre Kinder haben jetzt schon viel über die Planeten in unserem Sonnensystem erfahren. Haben sie auch einen Lieblingsplaneten? Wie wäre es, wenn die Kinder ihn hier mit seinen Besonderheiten nachgestalten?

Rühren Sie den Kleister nach der Anleitung an und reißen mit den Kindern die Zeitungen und das weiße Papier in kleinere Schnipsel.
Blasen Sie alle Luftballons in den nachfolgenden Größenangaben auf oder nutzen Sie Kugeln aus Styropor: Die Sonne so groß wie möglich, der Merkur ca. 9 cm, Venus und Erde ca. 15 cm, der Mars ca. 13 cm, der Jupiter ca. 25 cm, der Saturn ca. 22 cm, der Uranus ca. 20 cm, der Neptun ca. 17 cm.
Die Kinder bekleben die Luftballons mit zwei Lagen Zeitungspapier und als dritte Lage mit weißem Papier.

Nach 2–3 Tagen sind die Kugeln getrocknet und können folgendermaßen bemalt werden (dabei wird die vorherrschende Farbe des Planeten verwendet): die Sonne gelb, den Merkur grau, die Venus in einem gelblichen Weiß, die Erde blau, den Mars rot, den Jupiter orange mit weißen Wirbeln, den Saturn in blassem Gelb, den Uranus hellblau und den Neptun blau.

Nach dem Trocknen können die Kinder ihre Planeten noch weiter ausgestalten. Fragen Sie sie nach besonderen Ideen. So kann der Saturn noch einen oder mehrere Ringe erhalten: Dazu einen Kreis von 25 cm Durchmesser ausschneiden und 2 cm Rand stehen lassen sowie das Innenteil entfernen. Jetzt kann der Kreis um den Saturn gelegt werden.
Der Jupiter, der aus einer Gaswolke besteht, kann mit dünn zerfetzter Watte beklebt werden. Außerdem kann ein roter Punkt aufgemalt werden. Dieser stellt das rote Auge dar, einen Sturm, der schon seit mindestens 200 Jahren auf dem Planeten wütet.
Auf den Mond können die Kinder Krater aufmalen und den Mars zum Beispiel mit Kleber und rotem Sand dekorieren. Der Fantasie sind hier keine Grenzen gesetzt.

TIPP Für die kleinen Planeten können Sie statt eines Luftballons auch Styroporkugeln verwenden.

Weiterführende Idee

Sie können die Planeten mit Obst und Gemüse nachstellen, um einen Größenvergleich aufzuzeigen. Die Sonne hätte hier einen Durchmesser von 1,4 Metern. Der Merkur wäre eine Erbse, die Venus eine Kirsche. Die Erde würde ebenfalls einer Kirsche entsprechen, der Mars wieder einer Erbse, der Jupiter wäre eine Kokosnuss, der Saturn eine etwas kleinere Kokosnuss, der Uranus und der Neptun jeweils eine Mandarine.

8 Fremde Planeten entdecken

BEWEGUNGSAKTION

ALTER ab 3 Jahren

ZIELE Grobmotorik, Bewegungsfreude

MATERIAL Teppichfliesen oder Gymnastikreifen

Haben die Kinder Lust, fremde Planeten zu entdecken? Dann landen Sie doch einmal mit ihnen auf diesen lustigen Fantasieplaneten!

Kommen Sie mit den Kindern im Bewegungsraum zusammen und stimmen Sie sie auf die Bewegungsaktion ein:

„Stellt euch vor, ihr seit heute alle Astronauten und wir machen einen Ausflug in den Weltraum. Dort wollen die Weltraumfahrenden unbekannte Planeten besuchen und viele Abenteuer erleben. Denn auf manch fremden Planeten lebt es sich ganz anders als auf der Erde. Wollt ihr alle mitfliegen auf der abenteuerlichen Reise? Dann legt euch alle mit dem Rücken auf den Boden."

Geschichte

Wir starten – der Countdown läuft.
Es wird von zehn auf null heruntergezählt. Bei 0 dürfen alle Kinder aufspringen und mit ausgebreiteten Armen kreuz und quer durch den Raum „fliegen".

Da sehe ich schon einen fremden Planeten, wir landen.
Alle Kinder bleiben stehen.

Es ist der Hüpfikus, oje, hier können wir uns nur hüpfend fortbewegen.
Die Kinder hüpfen mit geschlossen Beinen vorwärts und rückwärts und auch mal nur auf einem Bein.

Dieser Planet ist ein bisschen anstrengend, lasst uns weiterfliegen.
Die Kinder fliegen wieder durch den Raum.

Der nächste Planet. Achtung, wir landen auf dem Planten Gebücktus! Hier kann man nur gebückt laufen.
Die Kinder beugen sich vornüber und laufen vorwärts und rückwärts, krabbeln auch mal auf allen vieren vorwärts und rückwärts.

Auf geht's, wir fliegen weiter.
Die Kinder fliegen wieder durch den Raum

Wir erreichen den Planeten Kichererbse. Hier müssen alle Faxen machen und die anderen zum Lachen bringen.
Die Kinder hüpfen wie Clowns, schneiden Grimassen, kichern und lachen laut.

Wir verlassen den Planeten wieder und fliegen weiter.
Die Kinder fliegen durch den Raum.
Legen Sie während dieser Zeit Teppichfliesen oder Reifen im Raum aus. Der Abstand zwischen den Fliesen sollte so groß sein, dass die Kinder sich von einer Fliese zur nächsten gut fortbewegen können.

Wir landen auf dem Planeten Heißfix. Spürt ihr es, der Boden ist heiß. Springt schnell auf die Steine.
Alle Kinder stellen sich auf die Fliesen. Auf Ihr Kommando wird die Fliese gewechselt, ohne dass die Kinder den Boden berühren.

Hier wird es immer heißer und gefährlicher, lasst uns weiterfliegen.
Die Kinder fliegen durch den Raum.

Wir landen auf dem Planeten Rollfix! Uiuiui, wir können uns nur rollend fortbewegen.
Die Kinder legen sich auf den Boden und rollen seitwärts.

Jetzt haben wir viele Planeten besucht. Wir starten und fliegen zurück zur Erde.
Die Kinder fliegen ein letztes Mal durch den Raum und beim Landen legen sich alle auf den Boden.

Wir sind wieder in unserem Kindergarten angekommen und können uns jetzt wieder normal bewegen.

Damit endet die Bewegungsgeschichte.

TIPP Jedes Mal, wenn ein Planet verlassen wird, kann ein Start-Countdown gezählt werden.

9 Mein Fantasieplanet

KREATIVAKTION

ALTER ab 4 Jahren

ZIELE Fantasie, Kreativität, Sprache, Ausdruck, Feinmotorik

MATERIAL weißer Tonkarton, Teller, Schere, Bleistift, Kleber, verschiedene Papiersorten, Farbstifte, Wolle

Die Kinder haben viel über die Planeten erfahren, doch es gibt im Weltraum noch so viel mehr zu entdecken – vielleicht auch neue Planeten?

Malen Sie auf den weißen Tonkarton für jedes Kind einen Kreis in der Größe des Tellers auf. Laden Sie die Kinder ein, sich Gedanken über einen unentdeckten Planeten zu machen. Wie könnte dieser aussehen?
Die Kinder nehmen sich einen der weißen Kreise und gestalten „ihren" Planeten. Diesen können sie bemalen oder bekleben, ganz nach ihrer Vorstellungskraft.

Wenn alle Kinder ihren Planeten gestaltet haben, machen Sie eine Präsentationsrunde, bei der jeder seinen Planeten vorstellen darf. Was ist so besonders an dem Planeten?

10 Wir fliegen zur Sonne

FANTASIEREISE

ALTER ab 3 Jahren

ZIELE Entspannung, Zuhören, Aufmerksamkeit

MATERIAL Unterlagen, evtl. Entspannungsmusik

Bei dieser Reise besuchen die Kinder die Sonne – oder jedenfalls fast. Eine Fantasiereise führt sie ganz nah ran an den heißen Riesen.

Dunkeln Sie den Raum nach Ideen der Kinder leicht ab. Lichterketten oder eine kleine Lampe können für gemütliches Licht sorgen. Die Kinder können es sich auf Matten oder Matratzen mit Kuscheldecken gemütlich machen. Dann lesen Sie die Geschichte langsam und mit ruhiger Stimme vor.

Geschichte

Mach es dir gemütlich und lege dich ganz bequem hin. Wenn du magst, darfst du die Augen schließen.
Wir wollen in unseren Gedanken eine gemeinsame Reise unternehmen: Stell dir vor, du hast die Erde verlassen. Wie ein Stern oder Planet schwebst du durch den Weltraum.
Du kannst auf die Erde blicken, sie ist leuchtend blau und hat dunkle und weiße Flecken. Wie ein Ball schwebt sie in dem dunklen Raum, dem Weltraum. Verweile ein wenig und schau sie dir an. Auf diesem Planeten lebst du.
Pause

Wende dich dem Weltraum zu. Du fühlst dich schwerelos und bist ganz leicht. Alles, was du tust, ist langsam und fühlt sich ganz leicht an.
Schau dich nun weiter im Weltraum um – du siehst Planeten, Sterne, Monde und die Sonne, die wie ein glühender Feuerball aufleuchtet. Die Sonne zieht dich an, ihre Wärme und ihre Helligkeit faszinieren dich. Du machst dich auf den Weg zur Sonne und schwebst an dem Planten Venus vorbei. Die Venus ist fast genauso groß wie die Erde und sieht aus wie eine weiße Murmel.
Du spürst, wie es wärmer wird, und da kommt schon der nächste Planet in Sicht.
Er ist sehr klein und liegt sehr dicht bei der Sonne.
Das ist der Merkur – jetzt ist es nicht mehr angenehm warm: Es ist heiß, zu heiß, und deshalb wendest du dich ab und machst dich auf den Rückweg zurück auf die Erde, zurück nach … (Heimatort), zurück in den Kindergarten und zurück an deinen Platz.
Wenn du merkst, dass du wieder auf deinem Platz bist, atme etwas tiefer ein und aus.
Recke und strecke die Arme und Beine. Wackle etwas mit den Fingern. Jetzt mache die Augen auf und atme noch einmal tief ein und aus. Wenn du magst, darfst du dich aufsetzen.

2

DIE RAUMFAHRT

In diesem Kapitel starten die Kinder selbst in den Weltraum – zumindest in ihrer Fantasie. Im Experiment erfahren die Kinder aber auch, wie echte Raketen funktionieren und was es mit dem Rückstoßprinzip auf sich hat.

Raumfahrzeuge

Die ersten Raumfahrzeuge wurden zu Beginn der 60er-Jahre des 20. Jahrhunderts gebaut und waren sozusagen Einweg-Fahrzeuge. Die Astronauten, die sich im Inneren befanden, wurden mithilfe einer Rakete in die Erdumlaufbahn befördert. Die Rückkehr zur Erde verlief anhand eines gesteuerten Falls, der durch Fallschirme abgebremst wurde.
Seit circa 1980 wurden Raumfahrzeuge gebaut, die mehrmals ihre Reise antreten können. Die USA brachte das Space Shuttle auf den Weg, die Sowjetunion die Sojus-Raketen.

11 Die Raumfahrzeuge

SACHGESPRÄCH MIT KREATIVAKTION

ALTER ab 4 Jahren

ZIELE Sachwissen, Sprache, Beobachtung, Feinmotorik, Kreativität

MATERIAL Bilder von Raketen und dem Space Shuttle, Malpapier, Farbstifte

Raketen, Shuttles, Raumschiffe: Haben die Kinder Lust, sich Raumfahrzeuge einmal genauer anzusehen?

Laden Sie die Kinder zu einem Sitzkreis ein und legen das Anschauungsmaterial in die Mitte. Nach einer kurzen stillen Betrachtung sollen die Kinder erläutern, was sie auf den Bildern

erkennen, und dies beschreiben. Haben die Kinder schon einmal von Raketen, dem Space Shuttle oder der Internationalen Raumstation gehört?
Die Kinder malen frei ein Raumfahrzeug, sie können sich dabei von den Bildern inspirieren lassen.

TIPP Im Internet finden sich viele kurze Filme, die einen Raketenstart zeigen. Das ist für die Kinder sehr sehenswert.

Die Geschichte der Raumfahrt

1957 brachte die damalige Sowjetunion mit Sputnik den ersten Satelliten in die Umlaufbahn der Erde. Bereits vier Jahre später flog der Kosmonaut Juri Gagarin als erster Mensch ins All. Die Amerikaner zogen kurz darauf mit den Astronauten Alan Shepard und John Glenn gleich.
Die folgenden Jahre in der Raumfahrt wurden vom „Wettlauf zum Mond" beherrscht, den die USA mit Apollo 11 gewannen. Am 20. Juli 1969 landeten die Astronauten Neil Armstrong und Buzz Aldrin als erste Menschen auf dem Mond. Armstrong prägte hier das bekannte Zitat: „Dies ist ein kleiner Schritt für einen Menschen, aber ein riesiger Sprung für die Menschheit."
Erste Raumstationen wie Skylab, Mir sowie die Internationale Raumstation (ISS – *International Space Station*) und Tiangong wurden in die Erdumlaufbahn gebracht.

12 Rückstoßprinzip

VERSUCH

ALTER ab 4 Jahren

ZIELE Feinmotorik, Fantasie

MATERIAL Luftballon, Trinkhalm, Schere, Klebefilm, Schnur (ca. 6 Meter), Flechtnadel, zwei Stühle

Dieses Angebot ist für Kinder ein Riesenspaß. Sie erfahren, wie sich eine Rakete vorwärtsbewegt und Astronauten ins All geschossen werden können.

Kürzen Sie den Trinkhalm auf 10 cm und stellen Sie zwei Stühle im Abstand von 3 bis 5 Metern auf. Knoten Sie an einer Lehne die Schnur fest und führen Sie diese bis zum zweiten Stuhl. Am Ende der Schnur befestigen Sie die Flechtnadel. Nun sollten die Kinder unbedingt immer zu zweit zusammenarbeiten: Ein Kind bläst den Luftballon auf und hält die Öffnung mit Daumen und Zeigefinger zu, damit die Luft nicht entweichen kann. Das andere Kind klebt den Trinkhalm auf dem Luftballon mit Klebefilm fest. Der Trinkhalm wird auf der Schnur aufgefädelt, dabei hilft die Flechtnadel, denn so können die Kinder ganz leicht die Schnur durch den Halm ziehen. Die Schnur jetzt an der Lehne des zweiten Stuhles befestigen. Es reicht aus, wenn das Ende ein paarmal um die Lehne geschlungen wird. Es sollte darauf geachtet werden, dass die Schnur gespannt ist und dass immer noch Luft im Ballon ist. Dann wird die Öffnung des Ballons losgelassen. Dieser saust an der Schnur entlang – das Rückstoßprinzip! Die aus dem Luftballon ausgestoßene Luft sorgt für die Vorwärtsbewegung der Rakete.

TIPP Damit die Kinder den Luftballon nach dem Aufpusten nicht die ganze Zeit festhalten müssen, können Sie mit einem Klipp die Öffnung verschließen.

Das Rückstoßprinzip

Eine Rakete wird durch Treibstoff gezündet. Wenn sie startet, verbrennt der Treibstoff, was dazu führt, dass Gase mit großer Geschwindigkeit und Druck aus den Düsen gepresst werden. Die dabei entstehende/freigesetzte Energie treibt die Rakete in die entgegengesetzte Richtung – das bezeichnet man als Rückstoßprinzip. Aus diesem Grund werden Raketen beim Start mit der Nase nach oben positioniert.

13 Die Rakete

KREATIVAKTION

ALTER ab 3 Jahren

ZIELE Kreativität, Feinmotorik, Arbeitsabläufe umsetzen

MATERIAL nach Wunsch: Kopiervorlage „Rakete", Tonpapier in verschiedenen Farben, Schere, Kleber, Bleistift, Krepppapier in Gelb und Rot, schwarzer Filzstift

Diese tollen Raketen können auch an Ihrem Fenster oder an Ihrer Raumdecke vorbeizischen. Die Kinder können sie ganz leicht in ihren Lieblingsfarben selbst herstellen.

Gemeinsam mit den Kindern übertragen Sie die Vorlage auf verschiedenfarbiges Tonpapier. Dabei entscheiden die Kinder, welche Farbe ihre Rakete haben soll. Anschließend schneiden die Kinder diese aus und gestalten frei und ohne Vorlage noch zwei „Fenster" aus buntem Papier. Alternativ können die Kinder ihre Raketen natürlich auch ganz frei gestalten und ohne Vorlage arbeiten.
Nach dem Ausschneiden die Fenster aufkleben. Aus dem Krepppapier vier dünne Streifen in einer Länge von 6 bis 8 cm schneiden und unten an der Düse ankleben. Wer mag, kann die Konturen der Rakete noch mit einem schwarzen Filzstift nachzeichnen. Die Kinder können ihre Raketen beispielsweise auf das Fenster aufkleben, sodass sie „wie in echt durch den Himmel sausen". In diesem Beispiel haben die Kinder noch Sterne ausgeschnitten und dazugeklebt. Alternativ können Sie die Raketen auch mit Nadel und Faden durchbohren und an der Raumdecke aufhängen.

14 Die Brausetablettenrakete

VERSUCH

ALTER ab 3 Jahren

ZIELE naturwissenschaftliche Grunderfahrungen

MATERIAL Brausetabletten, Filmdose oder das Röhrchen der Brausetabletten, Wasser, Pipette

Dieses einfache Experiment ist schon für jüngere Kinder geeignet. Führen Sie es aber unbedingt draußen durch, damit die loszischende „Rakete“ keine Gegenstände beschädigt.

Laden Sie die Kinder ein, einen Versuch zum Raketenstart zu beobachten.
Legen Sie eine halbe Brausetablette in die Dose oder in das Röhrchen. Mit der Pipette etwas Wasser auf die Tablette träufeln (die genaue Dosierung am besten vorher ausprobieren) und sofort mit dem Deckel verschließen. Nun schnell ein bis zwei Meter zurücktreten. Nach wenigen Sekunden hat sich die Brausetablette aufgelöst und durch die Bläschen so viel Druck im Röhrchen aufgebaut, dass der Deckel als „Mini-Rakete“ nach oben schießt. So ähnlich funktionieren auch die echten Raketen: Unter der Rakete wird so viel Energie aufgebaut, dass sich diese bei der Zündung entlädt und die Rakete vorwärtsbeschleunigt.

15 Rakete falten

KREATIVAKTION

ALTER ab 3 Jahren

ZIELE Feinmotorik, Fantasie, Kreativität,

MATERIAL Faltpapier 15 × 15 cm, Schere, Kleber, Farbstifte, weißes Malpapier in DIN A4

Mit wenigen Schritten wird aus einem Faltblatt bei dieser Aktion eine tolle Rakete, die, mit Farbstiften ausgestaltet, in den Weltraum steigen kann.

Jedes Kind sucht sich zunächst ein Blatt Faltpapier in seiner Lieblingsfarbe aus. Für diese Aktion halbieren Sie die Faltblätter, sodass Rechtecke entstehen. Jedes Kind faltet sein Rechteck der Länge nach zur Mitte. Wieder auffalten und an einer der kurzen Seiten die Ecken zur Mitte falten, sodass es wie ein Hausdach aussieht.
Die Faltarbeit mittig auf ein Blatt weißes Malpapier kleben. Die Kinder gestalten nun daraus mit Farbstiften eine Rakete.

16 Der Countdown

MUSIKALISCHE AKTION

ALTER ab 3 Jahren

ZIELE Klanginstrumente kennenlernen, auditive Aufmerksamkeit, Musikerfahrung

MATERIAL weißes DIN-A3-Papier, Filzstift, Fingercymbeln, Schellenkranz, Triangel, Holzblocktrommel, Glockenspiel, Becken

Steigt eine Rakete zum Himmel, gibt es verschiedene Stufen. Die Geräusche steigern sich, bis die Rakete im Weltraum angekommen ist. Das empfinden die Kinder hier nach.

Malen Sie auf dem Papier eine Rakete auf, die sechsmal unterteilt ist. Stellen Sie die Instrumente bereit.

Bevor Sie in das Angebot starten, machen Sie die Kinder mit den Instrumenten vertraut, besprechen Namen, Aussehen und auch deren Handhabung. Lassen Sie die Kinder auch selbstständig die Instrumente erkunden und bespielen. Ist das Instrument laut oder leise?
Bilden Sie mit den Instrumenten eine Reihenfolge anhand der Lautstärke der einzelnen Instrumente. Stellen Sie die Instrumente auch in dieser Reihenfolge auf oder legen Sie sie der Lautstärke nach hin.
Jetzt kommt das Raketenplakat hinzu. Erklären Sie den Kindern, dass diese Rakete jetzt starten wird und dass das mit den Instrumenten nachgespielt werden soll. Da die Instrumente schon in der richtigen Reihenfolge stehen, muss nur noch festgelegt werden, ob die Rakete leise oder laut startet. Die Kinder werden sich wahrscheinlich auf laut einigen.
Die Kinder schreiben in jede Spalte der Rakete eine Ziffer, unten beginnend mit der Zahl eins.
Jetzt kann die Rakete steigen. Zählen Sie mit den Kindern einen Countdown runter. Dabei können Sie gemeinsam mit den Kindern entscheiden, wo Sie beginnen. Dann zeigen Sie auf die höchste Zahl in der Unterteilung und das lauteste Instrument beginnt. Wenn Sie auf die nächste Stufe zeigen, kommt das nächste Instrument an die Reihe. Immer wieder die nächste Stufe anzeigen, bis die Rakete im Weltraum angekommen ist. Dann wird es still.
Die Kinder wechseln untereinander die Instrumente und die Rakete kann erneut starten.

17 Eine Maus auf Weltraumreise

KLANGGESCHICHTE

ALTER ab 3 Jahren

ZIELE Zuhören, Konzentration, Aufmerksamkeit, Merkfähigkeit, Fantasie

MATERIAL Holzblocktrommel, Triangel, Glöckchen, Schellenkranz, Klangstäbe, Becken, Rassel

Diese Klanggeschichte regt die Fantasie der Kinder an. Eine Maus träumt vom Mond, der für sie wie ein riesiger Käse am Himmel erstrahlt.

Laden Sie die Kinder zu einem Sitzkreis ein und lesen Sie die Geschichte ohne Einsatz der Instrumente einmal vor. Legen Sie die Schlagwörter mit den Kindern fest. Die Kinder suchen sich die Instrumente aus, dabei können der Weltraum und die Astronauten mehrfach besetzt werden.

Maus – Glöckchen
Weltraum – Becken
Raketen/Rakete – Holzblocktrommel
Mond – Rassel
Käse – Schellenkranz
Astronauten – Klangstäbe

Geschichte

An einem Ort, an dem **Raketen** in den **Weltraum** starten, lebte eine kleine **Maus**. Immer wieder sah die **Maus**, wie die **Raketen** sich auf den Weg in den **Weltraum** machten. Die **Maus** hatte eine verrückte Idee, auch sie wollte unbedingt mit einer **Rakete** mitfliegen. Am besten zum **Mond**. Denn der **Mond**, so glaubte sie, nein, die **Maus** war sich sicher, der **Mond** würde aus reinstem **Käse** bestehen.
Die **Maus** machte sich auf den Weg und konnte sich unbemerkt in die **Rakete** schleichen. Die **Maus** war ja so winzig, dass die **Astronauten** sie gar nicht bemerkten. Sie versteckte sich und nach einiger Zeit gab es einen mächtigen Knall: Die **Rakete** war gestartet. Die kleine **Maus** hatte keine Angst, denn sie wusste: Nur noch kurze Zeit und dann würde sie an dem schönsten Ort sein, den sie sich je erträumt hatte, auf dem **Mond**.
Als die **Rakete** landete, kroch die **Maus** aus ihrem Versteck und schaute aus dem Fenster. Da sah die **Maus** den **Mond** und war begeistert, so schön gelb und so riesig! Als sich die Tür der **Rakete** öffnete, lief die **Maus** an den **Astronauten** vorbei und kletterte hinab auf den **Mond**. Gleich würde sie den köstlichen **Käse** probieren können. Voller Vorfreude rieb sie sich noch einmal genüsslich über den Bauch und dann biss die **Maus** zu.
„Aua!", die **Maus** erschrak. Der **Käse** schmeckte überhaupt nicht nach **Käse** und er war steinhart.

Die **Astronauten** hörten den Schrei und liefen zu der kleinen **Maus**. Die **Astronauten** trauten ihren Augen nicht. „Eine **Maus**, im **Weltraum** und auf dem **Mond**, die nehmen wir mit."
Sie nahmen die **Maus** mit in die **Rakete** und flogen durch den **Weltraum** zurück zur Erde. Doch kaum hatten die **Astronauten** nach der Landung die Tür der **Rakete** geöffnet, machte die **Maus** einen riesigen Satz nach draußen und lief so schnell, dass keiner der **Astronauten** sie mehr einholen konnte, nach Hause.
Dort schaute die **Maus** hinauf zum **Mond**. „Schade, er ist nicht aus **Käse**. Aber schön ist er trotzdem!"
Erschöpft von der anstrengenden Reise mit der **Rakete** schlief die kleine **Maus** in ihrem Bettchen ein.

18 Handabdruckrakete

KREATIVAKTION

ALTER ab 3 Jahren

ZIELE Feinmotorik, Fantasie, Kreativität

MATERIAL Fingerfarben in Rot, Gelb, Blau, Schwarz, Orange, Pinsel, weiße Malblätter

Simsalabim, und aus einem einfachen Handabdruck wird bei dieser Kreativaktion eine Rakete.

Die Kinder bemalen mit Pinsel und Fingerfarben eine Handfläche in ihrer Lieblingsfarbe. Nun drücken sie ihre Handfläche auf ein Blatt weißes Malpapier.
Den Abdruck müssen Sie zunächst trocknen lassen. Dann können die Kinder mit Farbe und Pinsel aus dem Handabdruck eine Rakete gestalten: Dazu malen sie der Rakete eine spitze „Schnauze", Flügel und Düsen. Auch einen Feuerschweif können die Kinder noch ergänzen.

19 Eine Rakete zum Spielen

KREATIVAKTION

ALTER ab 4 Jahren

ZIELE Fantasie, Feinmotorik, Kreativität

MATERIAL großer Karton, Fingermalfarben, Pinsel, Schere, Kleber, Klebestreifen, verschiedene Papiersorten, unterschiedliches Material wie Flaschendeckel, Korken, Wolle, Plastikbecher, Kreppklebeband, Alufolie

Bitte einsteigen: Gestalten Sie mit den Kindern doch eine Rakete oder Raumsonde, in der die Kinder richtig spielen können! Bevor das nächste Kapitel startet, kann so ein Riesenspielgerät entstehen, das zum Rollenspiel animiert und die Fantasie anregt.

Legen Sie zuerst das ganze Material bereit und laden die Kinder ein, eine Raumsonde oder Rakete zu basteln. Diese soll so gestaltet werden, dass sie richtig zum Spielen und Einsteigen genutzt werden kann. Besprechen Sie mit den Kindern, wie die Raumsonde aussehen soll, und helfen Sie ihnen, die Kartons zusammenzusetzen, sodass das Gerüst der Rakete/Raumsonde entsteht. Die Kinder gestalten diese danach aus. Mit Fingerfarben kann sie anschließend bemalt und dekoriert werden. Das Cockpit kann noch mit Alufolie ausgekleidet werden und mit Flaschendeckeln und Drehverschlüssen von Flaschen können Schaltflächen entstehen. Unterstützen Sie die Kinder, wenn nötig.

TIPP Damit die Raumsonde belastbar ist und das Herumtoben der Kinder aushält, verstärken Sie sie an manchen Stellen mit einer zweiten Schicht Karton und sparen Sie nicht an Kreppklebeband.

20 Raketenkuchen

BACKEN UND KOCHEN

ALTER ab 4 Jahren

ZIELE Arbeitsabläufe erfassen, Materialkunde, Kreativität, Fantasie

MATERIAL Kastenform, Rührgerät, Teigschüssel, Löffel, Backofen, Waage, Messbecher
Für den Teig: 500 g Mehl, 250 g Zucker, 250 g Butter, 4 Eier, eine Prise Salz, 1 Pck. Vanillezucker, 1 Pck. Backpulver, 125 ml Milch

Für die Dekoration: Fondantrolle in Weiß (alternativ: Zuckerguss, Fruchtgummi, Schokolinsen), vier verschiedene Lebensmittelfarben, Messer, Pinsel

Dieser Raketenkuchen ist das Highlight auf jedem Raumfahrtbuffet. Bei der Herstellung können Sie die Kinder beteiligen.

Für den Kuchenteig die Butter cremig rühren. Danach werden Zucker, Eier, Salz, Milch, Vanillezucker sowie das gesiebte Mehl und Backpulver untergerührt. Den Teig in eine gefettete große Kastenkuchenform geben. Bei 160 °C etwa 40–50 Minuten backen.

Den Kuchen etwas abkühlen lassen und aus der Form stürzen. Anschließend in der Mitte durchschneiden. Ein Teil wird der Raketenkörper. Schneiden Sie eine Seite zur Spitze. Aus dem zweiten Teil schneiden Sie die Raketenflügel und Düsen.
Den Fondant ausrollen und für die Einzelteile passend zuschneiden. Oder Sie setzen die Rakete zusammen und belegen sie komplett mit Fondant. Es können noch Fenster oder andere Kleinteile aus dem Rest des Fondants geschnitten und auf die Rakete gelegt werden.
Mit den Lebensmittelfarben und Pinseln bemalen die Kinder noch den Fondant.
Falls Sie lieber auf den Fondant verzichten möchten, kann die Rakete alternativ auch mit gefärbtem Zuckerguss bestrichen und Türen und Fenster aus Fruchtgummis und Schokolinsen dargestellt werden.

3

MENSCHEN IM ALL

Den Weltraum zu bereisen, neue Welten zu entdecken: Das ist seit jeher ein Menschheitstraum. Für Ihre Kinder kann dieser Traum „in Erfüllung gehen". In cooler Astronautenverkleidung können sie sich in der Fantasie auf die Reise machen.

21 Menschen im All

SACHGESPRÄCH

ALTER ab 3 Jahren

ZIELE Sprache, Ausdruck, Sachwissen

MATERIAL Bilder von Astronauten, Malblätter, Stifte

Wie man in den Weltraum kommt, haben die Kinder schon erfahren – doch wer fliegt dorthin? Gibt es besondere Anforderungen? Bestimmte Kleidung? All diese Fragen können Sie mit den Kindern in diesem Sachgespräch klären.

Laden Sie die Kinder zu einem Sitzkreis ein und fragen Sie sie, wie sie sich Astronauten vorstellen. Was müssen diese alles können? Legen Sie anschließend die Bilder von Astronauten in ihren Raumanzügen dazu. Was können die Kinder auf den Bildern erkennen? Wie sehen die Anzüge aus? Welche Besonderheiten sind zu erkennen? Vielleicht kennt ein Kind sogar bereits den Namen eines bekannten Astronauten.
Anschließend malen die Kinder einen Astronauten nach ihren Vorstellungen.

TIPP Der deutsche Astronaut Alexander Gerst hat auch für Kinder geeignete Filme über sein Leben und Arbeiten in der Internationalen Raumstation im Internet veröffentlicht.

Die Ausbildung zum Astronaut

Um ein Astronaut zu werden, braucht man viele verschiedene Fähigkeiten und Ausbildungen. Zunächst einmal stehen körperliche Fitness und Gesundheit im Fokus. Astronauten müssen viel Sport machen und sich zudem gesund ernähren.
Des Weiteren benötigen sie ein sehr gutes Hintergrundwissen zu wissenschaftlichen Forschungsgebieten, damit sie im Weltraum Experimente durchführen können: Zum Beispiel im Ingenieurswesen, der Physik, in Biologie und Medizin, damit sie unterschiedliche Aufgaben übernehmen können. Genaue Kenntnisse der Raumfahrzeuge sind ebenfalls vonnöten, um Reparaturen vornehmen zu können. Eine weitere Voraussetzung sind Fremdsprachen. Englisch ist natürlich Pflicht, für einen Aufenthalt auf der ISS kommt zudem noch Russisch hinzu.

22 Weltraumtraining

BEWEGUNGSAKTION

ALTER ab 3 Jahren

ZIELE Ausdauer, Koordination, Bewegungsfreude, Grobmotorik

MATERIAL Stoppuhr

Astronauten müssen in einer sehr guten körperlichen Verfassung sein, um den Flug und die Aufgaben im All zu bewältigen. Bei dieser Bewegungseinheit werden auch die Ausdauer und die Fitness der Kinder trainiert.

Kommen Sie mit den Kindern im Bewegungsraum zusammen und überlegen Sie noch einmal gemeinsam, wie sich die Astronauten auf ihren Einsatz im Weltraum vorbereiten: Die Astronauten müssen sehr fit sein, um einen Raumflug und eine Raummission zu bewältigen. Dafür müssen sie trainieren. Haben die Kinder vielleicht Lust, ein solches Training einmal kennenzulernen?

Erklären Sie vorab, dass die Übungen immer über eine bestimmte Zeit hinweg durchgeführt werden. Je nach Alter und Fitnessgrad der Kinder können Sie die Zeit variieren. Beim Laufen reicht bei den jüngeren Kindern oft eine Minute oder weniger, die Größeren können vielleicht schon zwei bis drei Minuten lang laufen.

1. Übung
Astronauten brauchen Ausdauer.
Die Kinder sollen rennen, ohne dabei anzuhalten.

2. Übung
Astronauten müssen schnell und gründlich arbeiten können.
Die Kinder stellen ihre Schnelligkeit unter Beweis. Auf Kommando werden, so schnell jeder kann, unterschiedliche Bewegungsformen durchgeführt, z. B. rennen, rückwärtsgehen, krabbeln – hier ist eine Zeit von 30 Sekunden ausreichend.

3. Übung
Astronauten dürfen in der Schwerelosigkeit nicht die Orientierung verlieren und arbeiten auch über Kopf.
Die Kinder drehen sich im Kreis. Dabei achten Sie darauf, dass es nur eine kurze Sequenz ist. So können Sie zählen: dreimal links und dreimal rechts herum.

4. Übung
Astronauten müssen ihre Muskeln trainieren, da diese im Weltraum zu wenig belastet werden und sonst verkümmern.
Als Nächstes führen die Kinder verschiedene Hüpfarten aus. Sie hüpfen wie ein Hase, ein Känguru oder ein Frosch, mal vorwärts oder rückwärts oder nur auf einem Bein.

5. Übung
Astronauten müssen das Raumschiff bedienen können.
Die Kinder fliegen jetzt als Raumschiff, Flugzeug oder Hubschrauber durch den Raum. Wenn Sie Stopp rufen, müssen die Kinder sofort landen. Das kann auf dem Bauch, auf dem Rücken oder einfach durch Hinsetzen erfolgen.

23 Der Astronautentest

SPIEL

ALTER ab 3 Jahren

ZIELE Sinnesschulung, Grobmotorik, Freude an Bewegung und Spiel, Feinmotorik

MATERIAL Kopiervorlage „Urkunde“, je nach Station: Bildkarten, Geräusche-CD, verschließbare Dosen, Malpapier, Stifte

Astronauten müssen vieles können und wissen. Das betrifft unter anderem Fitness, Hintergrundwissen und auch technisches Verständnis. Wollen sich die Kinder in einem Astronautentest ausprobieren? Jedes Kind bekommt dafür eine Urkunde.

Kopieren Sie die Urkunde für jedes Kind auf buntes Papier und tragen Sie den Namen und das Datum ein. Dann können die Kinder schon loslegen und sich in verschiedenen Übungen testen:

Fitnesstest: ein kleiner Lauf, ein paar Liegestütze und/oder Kniebeugen, auf einem Bein hüpfen …

Sehtest: Aus sechs Bildkarten muss die eine gefunden werden, die nicht dazugehört. Je nach Alter der Kinder können das fünf Fahrzeuge und ein Tier, fünf Autos und ein Traktor oder für ältere Kinder sechs gleiche Blumen sein, bei der nur an einer Blume eine Blüte fehlt.

Hörtest: Es werden verschiedene Geräusche von einer Geräusche-CD vorgespielt, die erkannt werden sollen. Oder die Kinder schließen die Augen und Sie wählen 2–3 Geräusche, z. B. Papierknüllen.

Feinmotoriktest: In einem Raumschiff gibt es ab und zu etwas zum Reparieren. Hier muss man eventuell Schrauben drehen. Die Kinder schrauben z. B. Verschlüsse auf Flaschen auf. 3 bis 5 Plastikflaschen bereitstellen, die Verschlüsse müssen auf- und zugedreht werden.

Wissenstest: Die Kinder sollen einen Planeten benennen und Fragen beantworten wie: Kennst du ein Wort in einer fremden Sprache? Kannst du bis fünf zählen?

Als Belohnung für die erfolgreich absolvierte Prüfung überreichen Sie jedem Kind eine Urkunde. Dabei sollten Sie darauf achten, dass jedes Kind eine Urkunde bekommen kann.

24 Ein Raumfahrthelm

KREATIVAKTION

ALTER ab 3 Jahren

ZIELE Fantasie, Kreativität, Feinmotorik

MATERIAL Luftballons, Zeitungen, weißes Papier, Kleister, Schüsseln, Filzstifte, Schere, Pinsel, weiße Fingerfarbe

Richtige Astronauten brauchen natürlich auch einen Helm für die Raumfahrt. Damit Ihre Kinder ihnen in nichts nachstehen, gibt es nachfolgend eine tolle Anleitung.

Blasen Sie einen Luftballon in der Größe eines Kinderkopfes auf und verknoten Sie das Ende fest. Gemeinsam mit den Kindern reißen Sie nun die Zeitung und das weiße Papier in Schnipsel. Zuerst den Luftballon mit mindestens drei Lagen Zeitungsschnipseln bekleben. Dazu die Zeitung in den Kleister tauchen. Als letzte Lage einmal den ganzen Ballon mit dem weißen Papier bekleben. Der beklebte Luftballon wird ca. 2 bis 3 Tage zum Trocknen brauchen.

Wenn der beklebte Luftballon trocken und hart ist, schneiden Sie mit einer Schere unten in den Ballon eine größere Öffnung, sodass ein Kinderkopf bequem hindurchpasst. Das Visier aufzeichnen und ausschneiden: Dazu kann immer ein Kind einen Helm aufziehen, ein anderes kann mit einem Stift ein Rechteck anzeichnen, das dann ausgeschnitten wird. Nun können die Raumfahrer ihren Helm noch nach eigenen Ideen beschriften und ausgestalten: Vielleicht braucht der Helm noch Antennen, Schläuche, Rädchen oder Sticker?

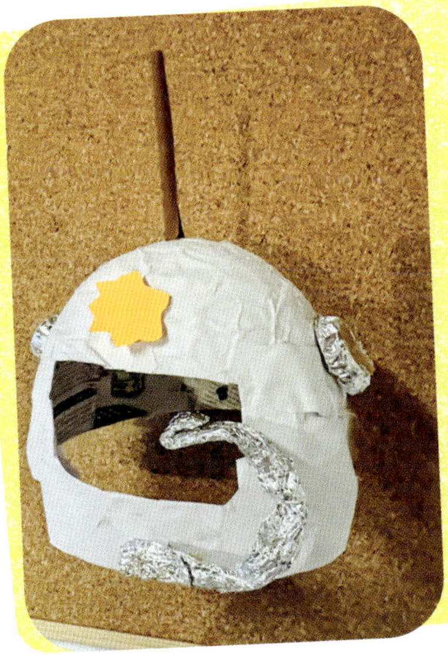

Der Raumanzug

Um Astronauten vor den Gefahren des Weltraums zu schützen, benötigen diese spezielle Raumanzüge. Ohne die Anzüge, Helme und Sauerstofftanks würden die Astronauten innerhalb weniger Sekunden das Bewusstsein verlieren und sterben.
Die Anzüge und Helme schützen nicht nur vor der kosmischen Strahlung sowie der UV-Strahlung der Sonne, sondern auch vor den extremen Temperaturen im All. Zudem erzeugen sie einen Überdruck, um das Vakuum des Weltraums auszugleichen.
Die Sauerstoffgeräte, die in den Anzug eingebaut oder daran angeschlossen sind, filtern das Kohlendioxid, das der Mensch ausatmet, und wandeln es in Sauerstoff um. Ohne dieses Filtern würden die Astronauten innerhalb kürzester Zeit eine Kohlendioxidvergiftung erleiden.

25 Der Sauerstofftank

KREATIVAKTION

ALTER ab 3 Jahren

ZIELE Feinmotorik, Fantasie, naturwissenschaftliche Grunderfahrungen

MATERIAL 2 Plastikflaschen á 1 bis 1,5 l (alternativ dicke Pappröhren), Kleister, weißes Papier, breites Kreppklebeband, Fingerfarben, Pinsel, breites Band, Alufolie

Für ein Astronautenkostüm brauchen Ihre Kinder bestimmt auch einen Sauerstofftank. Den haben nämlich auch die echten Raumfahrer. Warum? Das erfahren Sie im Kasten.

Die Kinder bekleben beide Flaschen oder die beiden dicken Pappzylinder mit dem weißen Papier und Kleister. Nach dem Trocknen kleben sie beide Teile mit dem breiten Kreppklebeband zusammen. Einfach oben und in der Mitte zweimal die Flaschen umwickeln. Die Kinder bemalen ihre Sauerstofftanks nach eigenen Ideen mit Fingerfarben. Nach dem Trocknen bringen Sie zwei Bänder an den Flaschen an, damit die Kinder ihren Tank wie einen Rucksack auf den Rücken setzen können.

TIPP Bringen Sie einen Schlauch (Gartenschlauch) von ca. 40 cm an dem „Sauerstofftank" an. Wenn Sie ein Loch mit dem Durchmesser des Schlauches in den Helm machen, können die Kinder den Schlauch in den Helm stecken und das Outfit wird noch realistischer.

Astronaut, Kosmonaut, Taikonaut

Je nach Raumfahrtorganisation gibt es unterschiedliche Begriffe für die Raumfahrer. Die NASA *(National Aeronautics and Space Administration)*, also die amerikanische Raumfahrtbehörde, nennt sie Astronauten ebenso wie die europäische Weltraumorganisation ESA *(European Space Agency)* oder die kanadische CSA *(Canadian Space Agency)* und die japanische JAXA *(Japan Aerospace Exploration Agency)*. Russische Raumfahrer hingegen bezeichnet man als Kosmonauten, chinesische als Taikonauten.

26 Das Missionslogo

SACHGESPRÄCH MIT KREATIVAKTION

ALTER ab 4 Jahren

ZIELE Sachwissen, Feinmotorik, Fantasie

MATERIAL weißes Papier, Farbstifte, Schere, Laminiergerät, Folie, Anstecknadel, Bild eines Missionslogos

Jede Crew, die ins All startet, hat ein Missionslogo. Es wird auf den Raumanzügen angebracht. Auf diese Weise kann man auch Jahre später anhand des Logos die jeweilige Mission erkennen. Hier entwerfen die Kinder ein eigenes Logo für ihre Fantasiemission.

Suchen Sie im Internet nach einem Missionslogo und drucken Sie es aus, z. B. das Logo der Mission „Blue Dot", an der der deutsche Astronaut Alexander Gerst teilgenommen hat.

Im Sitzkreis zeigen Sie den Kindern das Logo. Was ist darauf zu sehen? Was könnte es bedeuten? Jede Mannschaft, die ins All fliegt oder auch schon geflogen ist, hat ein solches Logo. Dieses ist an der Rakete oder Raumfähre angebracht und auch als Aufnäher an den Raumanzügen. Anhand der Missionslogos lässt sich auch im Nachhinein immer sagen, welche Raumfahrtmission ein Astronaut unternommen hat.

Zeigen Sie den Kindern doch auch das Logo der Apollo 11, der ersten Mondlandung der Amerikaner. Darauf ist ein Adler zu sehen, der auf dem Mond landet. Der Adler ist das Symboltier der USA. Das Logo der Mission „Blue Dot" zeigt dagegen einen blauen Punkt, der die Erde darstellt, die auch der „Blaue Planet" genannt wird. Damit soll angedeutet werden, dass die Forschungsergebnisse dieses Fluges dem Leben auf der Erde dienen.

Haben die Kinder jetzt Lust, ihr eigenes Logo für eine Raumfahrtmission zu entwerfen? Wenn die Kinder etwas Hilfe brauchen, können Sie als Inspiration einen Kreis oder eine Raute auf ein weißes Blatt Papier vorzeichnen. Die Kinder überlegen sich nun einen Namen oder ein Motto für ihre Mission ins All.
Für ein Gruppensymbol können vielleicht Sterne abgebildet werden, die für die Anzahl der Gruppenkinder stehen. Wenn die Kinder die Symbole in Einzelarbeit oder in Teams gestalten, dann präsentieren anschließend alle ihr Emblem und erklären, was es bedeutet.
Die Kinder schneiden ihre Logos aus und Sie laminieren sie für sie ein. Versehen Sie alle auf der Rückseite mit einer Anstecknadel. So können die Kinder ihre Kleidung oder Raumfahrerkostüme damit schmücken.

TIPP Es gibt auch magnetische Anstecknadeln. So können die Kinder das Logo leichter selbst anbringen.

27 Arbeiten im All

SPIEL

ALTER ab 3 Jahren

ZIELE Feinmotorik, Spielfreude

MATERIAL Karton ca. 40 × 50 cm, ein Paar Gummihandschuhe, Schere, Kleber, Klebefilm, 2–3 Schrauben mit Muttern, Biegeplüsch, Perlen, dunkelblaues Tonpapier

Gestalten Sie ein Aktionstablett für die Kinder, das das Arbeiten im All wie bei einer Forschungsstation mit Handschuhen simuliert. Bei dieser Aktion können die Kinder ihre Auge-Hand-Koordination und die Feinmotorik trainieren.

Bereiten Sie zuerst den Karton vor. Er sollte auf eine Höhe von ca. 25 cm gekürzt werden. An einer Seite schneiden Sie zwei Löcher in den Karton, durch die die Hände der Kinder passen. Durch jedes Loch stecken Sie einen Gummihandschuh, in den die Kinder ihre Hände stecken können. Befestigen Sie die Handschuhe außen gut mit Heißkleber und Klebestreifen. Kleiden Sie den Karton noch mit dunkelblauem Tonpapier aus.

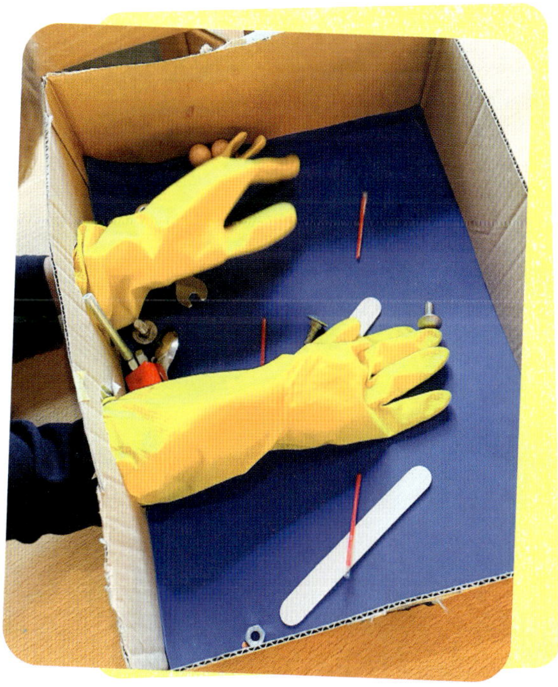

Legen Sie in den Karton die Schrauben und Muttern sowie Biegeplüsch und große Perlen. Der Karton kann von den Kindern jetzt noch ansprechend bemalt oder beklebt werden.

Jetzt können die Kinder mit den Händen in die Handschuhe greifen und das Arbeiten im All „üben". So müssen die Muttern auf die Schrauben gedreht und die Perlen auf den Biegeplüsch gezogen werden.

28 Wir fliegen ins All

BEWEGUNGSSPIEL

ALTER ab 3 Jahren

ZIELE Sprachverständnis, Bewegungsfreude, Fantasie, Grobmotorik

MATERIAL für jedes Kind einen Stuhl

Bei diesem spannenden Bewegungsspiel werden die Stühle im Sitzkreis zu Astronautensitzen. Die Kinder können den Vorlesetext mit Bewegungen begleiten. Die Ideen in diesem Beispiel dienen als Anregung, die Kinder können und sollen auch eigene Ideen einbringen.

Heute wollen wir den Weltraum erkunden. Unser Raumschiff ist schon bereit. Gleich geht es los, wir müssen uns zuerst anschnallen.
Kinder schnallen sich an.

Seid ihr alle bereit?
Kinder antworten mit Ja.

Raumschiff an Bodenkontrolle: Wir starten! Wir drücken den Startknopf und der Countdown beginnt: 10-9-8-7-6-5-4-3-2-1.
Die Kinder zählen mit.

Das Raumschiff zittert und bebt.
Die Kinder halten sich seitlich am Stuhl fest und wackeln hin und her.

Die Triebwerke brummen laut und das Raumschiff hebt ab. Ist das laut!
Kinder halten sich die Ohren zu.

Wir steigen immer höher und es rüttelt uns weiter durch.
Wackeln und zittern.

Geschafft – wir sind im Weltraum, das Rütteln hört auf. Wir schnallen uns ab und fühlen uns ganz leicht, wir schweben durchs Raumschiff.
Kinder stehen auf und laufen langsam umher.

Seht dort, der Mond, wir müssen schnell ausweichen!
Kinder setzen sich wieder und reißen den imaginären Steuerknüppel herum.

Das war knapp, wir wären fast mit dem Mond zusammengestoßen. Wollen wir noch einen Weltraumspaziergang machen? Ziehen wir unsere Raumanzüge an. Und um draußen zu atmen, brauchen wir noch die Helme und den Versorgungsrucksack mit den Sauerstoffflaschen.
Kinder ziehen sich an.

Wir gehen in die Schleuse und machen die Luke auf. Oh, wir schweben, wir sind ganz leicht.
Mit den Kindern verschiedene Bewegungen wie Drehen, langsam Gehen, Bücken und Strecken ausführen. Alles ganz langsam.

Jetzt aber wieder zurück ins Raumschiff, den Helm und Rucksack absetzen und den Raumanzug ausziehen.
Ausziehen spielen.

Wir setzen uns hin und schnallen uns an: Es geht zurück zur Erde. Eine Linksdrehung, Schub geben und ab nach Hause. Wir werden ganz schön in die Sitze gepresst.
Kinder setzen sich, schnallen sich an, lenken das Raumschiff und lehnen sich zurück.

Schnell den Schalter für die Bremsraketen umlegen und wir werden wieder durchgerüttelt. Achtung, wir landen!
Wieder auf dem Stuhl wackeln und bei der Landung hüpfen alle aus dem Stuhl hoch. Die Kinder sind wieder auf der Erde. Alle klatschen.

29 Astronautencocktail

BACKEN UND KOCHEN

ALTER ab 4 Jahren

ZIELE Arbeitsabläufe erfassen, Fantasie

MATERIAL 2 Flaschen Traubensaft, 1 Flasche Ananassaft, 1 Flasche Mineralwasser, 3 Zitronen, kernlose/kernarme Melone, Trauben, Holzspieße, Ausstechform Stern, Zucker, Messer, großes Gefäß, zwei Schälchen, Kochlöffel, Trinkgläser, Trinkhalme

Jetzt wird es lecker: Dieser Astronautencocktail verbindet ein cooles Sternenreisenden-Outfit mit leckerem und gesundem Inhalt.

Die Kinder können die Säfte mit dem Mineralwasser in einer großen Bowlenschale vermischen. Die Zitronen aufschneiden, auspressen und den Saft in einem Unterteller oder einer Schale auffangen. Den Zucker in eine zweite Schale geben. Die Melone in 1 cm dicke Scheiben schneiden. Mit dem Ausstecher können die Kinder daraus Sterne ausstechen. Auf einen Holzspieß stecken die Kinder nun immer vier bis fünf Trauben auf und ergänzen als Abschluss den Melonenstern. Die Gläser mit dem Trinkrand zuerst in den Zitronensaft und anschließend in den Zucker tauchen. Die Zuckerrandgläser mit dem Cocktail füllen und mit einem Trinkhalm und dem Sternenstecker verzieren.

TIPP Toll sieht es auch aus, wenn Sie bunten Kristallzucker verwenden.

4

DER MOND UND DIE STERNE

Seit ewigen Zeiten faszinieren der Mond und die Sterne uns Menschen. Unzählige Mythen, Legenden und Sagen ranken sich um sie. Entdecken Sie den Mond und die Sterne in diesem Kapitel mit den Kindern auf spannende und spielerische Art!

Unser Mond

Der Mond ist der hellste Himmelskörper am Nachthimmel. Mit dem bloßen Auge wirkt er größer als er ist bzw. gleich groß zur Sonne. Tatsächlich ist der Mond nicht nur viermal kleiner als die Erde, sondern vierhundertmal kleiner als die Sonne. Da er allerdings nur 384.000 Kilometer von der Erde entfernt ist, erscheint er uns nahezu gleich groß und ermöglicht es, Krater und andere geografische Einzelheiten auf seiner Oberfläche zu erkennen. Angestrahlt von der Sonne leuchtet der Mond und ebendieses Licht sorgt dafür, dass der Mond seine Form zu verändern scheint. Weil der Mond ständig um die Erde herumwandert und sich mit der Erde außerdem rund um die Sonne dreht, lässt sich je nach Position jedoch nur ein Teil von ihm sehen, sodass für uns ein abnehmender, ein zunehmender oder ein Vollmond zu erkennen ist.

30 Der Mond

SACHGESPRÄCH

ALTER ab 4 Jahren

ZIELE Sprache, Sachwissen

MATERIAL Styroporkugeln 12 cm und 3 cm im Durchmesser, Maßband

Zu Beginn stellen Sie am besten im Gespräch mit den Kindern fest, was die Kinder über den Mond schon so alles wissen. Diese Impulse können Ihnen dabei helfen.

Was wissen Ihre Kinder alles über den Mond? Bestimmt schon einiges. Impulsfragen, um mit den Kindern ins Gespräch über den Mond zu kommen, könnten sein:

- Wie sieht der Mond aus?
- Wann (zu welcher Tages- oder Nachtzeit) kann man den Mond sehen?
- Sieht der Mond immer gleich aus?
- Wann kann man den Mond nicht sehen?

Bauen Sie einige Informationen in Ihr Gespräch ein, beispielsweise:

Wie groß ist der Mond gegenüber der Erde?
Damit die Kinder einen Vergleich ziehen können, zeigen Sie die Kugel für die Erde mit 12 cm Durchmesser und für den Mond mit 3 cm Durchmesser (oder Sie nehmen einen Apfel und eine Pflaume). Das ist der Größenunterschied zwischen Erde und Mond.

Wie weit ist der Mond von der Erde entfernt?
Messen Sie zwischen den Kugeln einen Abstand von ca. 4 Metern ab. Das ist der Abstand, der zwischen Erde und Mond besteht.

Nachdem die Erd- und Mondkugeln im richtigen Abstand platziert wurden, ist es nur noch ein kleiner Schritt, den Mond auf eine Bahn rund um unseren Planeten zu schicken. Die Kinder stellen sich dazu in knapp 4 Metern Abstand im Kreis um die Erdkugel herum auf und lassen die Mondkugel nun von Hand zu Hand wandern.

Und das könnte die Kinder auch noch interessieren:

- Der Mond benötigt für eine Umkreisung der Erde etwa einen Monat.
- Der Mond zeigt immer mit derselben Seite zur Erde, wir sehen also nie seine „Rückseite".
- Der Mond und seine Anziehungskraft sind dafür verantwortlich, dass es Ebbe und Flut gibt. Er wirkt dabei wie eine Art Magnet auf das Wasser und zieht dieses an (Ebbe) oder stößt es ab (Flut).

Zum Abschluss geben Sie den Kindern die „Hausaufgabe", den Mond zu beobachten.

31 Der traurige Mond

FANTASIEGESCHICHTE

ALTER ab 3 Jahren

ZIELE Aufmerksamkeit, Zuhören

MATERIAL Sitzkissen

In dieser Vorlesegeschichte muss Emma den Mond trösten. Der ist nämlich traurig. Ob es ihr gelingt?

Dunkeln Sie den Raum etwas ab, damit die Kinder sich besser in die Geschichte hineinversetzen können. Laden Sie die Kinder zu einem Sitzkreis ein, um die Geschichte vom traurigen Mond zu hören.

Geschichte

Emma liegt in ihrem Bett und kann nicht einschlafen. Irgendetwas ist heute anders und sie lauscht in die dunkle Nacht. Da hört sie es: Jemand jammert und weint ganz leise.
Emma steht auf und geht zum Fenster und schaut zum Mond hinauf. Heute steht er wieder ganz rund am Himmelszelt. Wie ein riesengroßer Smiley sieht er aus. Es fehlt nur noch das Lächeln. Aber der Mond sieht nicht aus, als würde er lächeln, sondern er wirkt irgendwie traurig. Kann das sein?
Emma schaut genauer hin und sagt: „Mond, ist etwas passiert? Du siehst heute ganz anders aus!"
Der Mond blickt zu Emma hinab und sagt: „Mich mag niemand, mich beachtet fast niemand."
„Das stimmt doch gar nicht, lieber Mond, ich mag dich", sagt Emma.

Der Mond antwortet: „Das stimmt vielleicht, aber beachten tust du mich auch nicht, denn meistens schläfst du, wenn ich am Himmel stehe. Die Sonne mögen die Menschen, Tiere und Pflanzen lieber. Sie schenkt ihnen Licht und Wärme und damit macht sie die Menschen fröhlich, die Tiere sind zufrieden und die Pflanzen saugen das Licht auf, um wachsen zu können."
„Nicht alle Tiere mögen das Sonnenlicht", meint Emma. „Ich kenne viele, die erst in der Nacht aufwachen und auf Nahrungssuche gehen."
„Wie viele?", fragt der Mond.
„Nun", sagt Emma, „da sind die Eulen, die Nachtfalter, Schnecken, Wildschweine, Füchse und viele andere Waldtiere. Ja, auch Katzen mögen das Nachtlicht lieber."
„Ist das alles?", fragt der Mond.
„Nein, es gibt auch Menschen, die gerne nachts draußen sind. Sie feiern draußen und sie sind sehr fröhlich dabei, denke mal an Silvester", sagt Emma.
Der Mond schweigt und denkt nach. Und Emma spricht noch weiter: „Du bist den Menschen wichtig und wirst beachtet. Ich schaue dich gerne an, vielleicht nicht die ganze Nacht, weil ich ja auch schlafen muss. Aber so machen es auch die anderen Menschen, denn jeder kennt dich."
Die kleine Emma hat recht, denkt der Mond, und sieht gleich nicht mehr so traurig aus.
„Und weißt du was, Mond?", meint Emma. „In der nächsten Zeit werde ich alle an dich erinnern: Zu Sankt Martin bastle ich mir eine Mondlaterne, zu Weihnachten backe ich Mondkekse und zu Fasching verkleide ich mich in einem Mondkostüm. Dann wird jeder an dich erinnert."
Der Mond freut sich sehr, als er das hört.
„Und außerdem", ruft Emma, „male ich jetzt ein Bild von uns beiden."
Sie holt Papier und Farbstifte und malt einen fröhlich lachenden Mond, auf dem ein kleines Mädchen spielt.
Das zeigt sie dem Mond und verabschiedet sich gleichzeitig: „Das Bild ist für dich, doch leider muss ich jetzt schlafen. Ich verspreche dir aber, von nun an jeden Abend nach dir zu schauen."
Der Mond bedankt sich bei Emma für das schöne Bild und verspricht, im Gegenzug auch fast jeden Abend in ihr Fenster zu sehen.

32 Emma auf dem Mond

KREATIVAKTION

ALTER ab 3 Jahren

ZIELE Fantasie, Feinmotorik

MATERIAL Kopiervorlage „Mond“, gelber und weißer Tonkarton, Schere, Kleber, Farbstifte

Haben die Kinder Lust, den Mond und Emma aus der Geschichte zu gestalten? Die Monde mit dem Mädchen sind eine wunderschöne Fensterdekoration, sehen aber auch an der Gruppenraumdecke gut aus.

Übertragen Sie die Vorlage des Mondes auf den gelben Tonkarton. Die Kinder schneiden die Mondsichel aus.
Auf den weißen Tonkarton malen die Kinder „Emma“ und gestalten das Mädchen farblich nach eigenen Ideen aus. Die Figur ausschneiden, in den Mond setzen und mit Klebstoff fixieren.
Dem Mond ein Auge malen und schon kann die Dekoration aufgehängt werden.

33 Der Mond ändert sein Aussehen

SACHGESPRÄCH MIT KREATIVAKTION

ALTER ab 4 Jahren

ZIELE Sachwissen, Feinmotorik

MATERIAL Kopiervorlage „Mondphasen“, schwarzes Tonpapier in DIN A4, weißes Papier, Schere, Kleber, Schreibtischlampe, Ball

Mal sehen wir ihn rund wie eine Scheibe, mal ist er nur als schmale Sichel am Himmel sichtbar: der Mond. Der Grund dafür ist, dass wir immer nur den Teil des Mondes sehen können, der gerade vom Sonnenlicht getroffen wird. Bei dieser Aktion lernen die Kinder die einzelnen Mondphasen kennen.

Kopieren Sie für jedes Kind die Vorlage „Mondphasen“. Eine Vorlage schneiden Sie zu und legen sie, für die Einführung in der richtigen Reihenfolge, bereit.

Laden Sie die Kinder zu einem Sitzkreis ein und stellen Sie die Frage: „Sieht der Mond immer gleich aus?“ Die Kinder werden sicherlich schon wissen, dass er nicht immer gleich aussieht. Fragen Sie nach, wie er denn manchmal aussieht. Die Kinder sollen versuchen, mit den Händen in der Luft anzuzeigen, wie sie den Mond sehen.
Für den Vollmond können sie mit den Händen über dem Kopf einen ganzen Kreis bilden, beim Sichelmond nur einen halben Kreis mit einem Arm.
Damit die Kinder die Mondphasen besser erkennen, legen Sie das schwarze Tonpapier in die Mitte. Legen Sie die erste Hälfte der Mondphasen bis zum Vollmond auf das schwarze Tonpapier. – Die Kinder können mit eigenen Worten beschreiben, wie sich der Mond verändert: Er wird „voller/runder“. Fragen Sie die Kinder, ob sie noch wissen, warum es Tag und Nacht gibt. Weil die Erde sich dreht. Die Hälfte, die nicht von der Sonne angestrahlt wird, ist dunkel, oder dort ist es Nacht.
So ähnlich ist es mit dem Mond. Je nachdem, wie die Sonnenstrahlen ihn treffen, können wir ihn ganz, halb, nur als Sichel oder gar nicht sehen.
Was passiert mit dem vollen Mond? Von ihm ist immer weniger zu sehen, bis er nur noch eine Sichel ist. Danach geht es wieder von vorne los. Legen Sie die restlichen Monde in der Reihenfolge von Voll- bis Sichelmond in abnehmender Reihenfolge dazu.

Jedes Kind gestaltet nach der Vorlage die einzelnen Mondphasen. Hierzu Phasen ausschneiden und in der richtigen Reihenfolge auf das schwarze Tonpapier kleben.

34 Wie die Krater in den Mond kommen

VERSUCH

ALTER ab 4 Jahren

ZIELE Sachwissen, Verständnis, Experimentieren

MATERIAL Bild der Mondoberfläche, Plastikwanne, feiner Sand, Steine in verschiedenen Größen, Tischtennisball, Perle, Wasser

Wenn wir von der Erde zum Mond schauen, fallen uns helle und dunkle Gebiete auf. Die dunklen Gebiete sind Krater oder Vertiefungen auf der Mondoberfläche. Hier erfahren die Kinder, wie sie entstanden sind – und können in einem Versuch selbst Meteoriten schleudern.

Füllen Sie in die Plastikwanne so viel Sand, dass der Boden ca. 5 cm bedeckt ist. Den Sand etwas mit Wasser befeuchten.

Die Kinder finden sich zu einem Kreis zusammen und Sie zeigen ihnen das Bild der Mondoberfläche. Die Kinder versuchen mit eigenen Worten zu beschreiben, was sie darauf erkennen. Falls die Kinder nicht von selbst darauf kommen, sagen Sie ihnen, dass es sich um ein Bild der Mondoberfläche handelt. Lassen Sie die Kinder Vermutungen äußern, wie diese Oberfläche entstanden sein könnte.
Mit einfachen Worten vermitteln Sie den Kindern, dass es sich um Einschlagkrater handelt. Das heißt, im Weltraum fliegen Gesteinsbrocken umher, die manchmal mit dem Mond zusammenstoßen, und diese Steine haben diese Krater, also Vertiefungen, verursacht.

Demonstrieren Sie auf einfache Weise die Entstehung von Einschlagkratern:
Stellen Sie die Wanne mit Sand in die Mitte und lassen einen Stein in den Sand fallen. Entfernen Sie wieder den Stein – dieser hinterlässt einen „Krater".
Die Kinder dürfen verschieden große Steine oder Kugeln in den Sand fallen lassen. Auch mal einen leichten Tischtennisball.
Ziehen Sie mit den Kindern ein Fazit, ob die Größe bzw. das Gewicht der Gegenstände im Verhältnis zu dem Krater steht, der jeweils beim Auftreffen erzeugt wird. Es wird deutlich: Je größer oder schwerer der einschlagende Körper ist, desto größer ist der Krater.

Mondkrater

Vor nicht allzu langer Zeit dachten Astronomen, dass die Krater auf der Mondoberfläche einzig durch Vulkane verursacht wurden. Mittlerweile weiß man jedoch, dass nicht nur Vulkane, sondern auch Einschläge von Asteroiden und Meteoriten die Mondkrater verursacht haben. Seit Mitte des letzten Jahrhunderts ist bekannt, dass fast alle Krater auf dem Mond durch Asteroideneinschläge entstanden sind.

In einem weiteren Durchgang werden die Gegenstände nicht nur fallen gelassen, sondern auch mit etwas Schwung geworfen. Die Kinder bemerken: Auch die Geschwindigkeit hat einen Einfluss auf die Größe des Kraters.
Zum Abschluss dürfen die Kinder Gegenstände aus dem Gruppenzimmer ausprobieren. Beenden Sie den Versuch, wenn die Kinder das Interesse verlieren.

HINWEIS Streichen Sie den Sand zwischen den einzelnen Gegenständen immer wieder glatt, damit die Krater deutlich zu erkennen sind.

35 Eine Reise zum Mond

BEWEGUNGSAKTION

ALTER ab 3 Jahren

ZIELE Grobmotorik, Bewegungsfreude

MATERIAL Abbildung vom Mond, Trampolin, Matten zum Absichern

Die Astronauten planen einen Flug mit dem Raumschiff zum Mond, für einen Mondspaziergang. Dafür müssen sie fit sein, denn so ein Flug zum Mond kann anstrengend sein

Bauen Sie das Trampolin und einen Kasten samt Matten zur Absicherung auf. Legen Sie die Abbildung des Mondes bereit. Im Sitzkreis fragen Sie die Kinder, ob sie erkennen können, was das Foto zeigt. Und wissen die Kinder auch noch, wie die Leute heißen, die in den Weltraum oder zum Mond fliegen? Genau: Es sind Raumfahrende, also Astronauten.

Doch die Raumfahrenden können nicht einfach in eine Raumfähre steigen und zum Mond fliegen, sie müssen vorher dafür trainieren und auch fit sein. Genauso wie die Astronauten können sich auch die Kinder heute fitmachen, um auf dem Mond spazieren zu gehen. Dazu können sie einfach die Geschichte mit den passenden Bewegungen und Übungen begleiten.

Geschichte

Die Astronauten planen einen Flug mit dem Raumschiff zum Mond. Dafür müssen sie fit sein und viel Sport machen. Denn so ein Flug zum Mond ist ganz schön anstrengend.
Um sich aufzuwärmen, hüpfen alle Astronauten auf der Stelle.
Auf der Stelle hüpfen.

Die Arme brauchen Bewegung.
Arme ausschütteln.

Auch die Beine schütteln. Dann dehnen die Astronauten ihren Körper. Sie machen sich ganz lang und strecken die Hände nach oben.
Hände nach oben strecken, sich lang machen, auf Zehenspitzen stehen.

Dann machen sich alle ganz klein.
In die Hocke gehen und den Kopf einziehen.

Die Astronauten müssen auch Ausdauer haben.
Etwa eine Minute auf der Stelle laufen.

Um die Schwerelosigkeit zu trainieren, dürfen alle auf das Trampolin. Wenn man in die Luft springt, fühlt sich das fast an wie im Weltraum. Wollt ihr es auch einmal ausprobieren?
Jedes Kind darf einige Sprünge auf dem Trampolin machen und dann runter auf die Matte springen.

So ein Flug zum Mond braucht natürlich auch ein wenig Mut.
Um ihren Mut zu trainieren, dürfen alle Astronauten nacheinander einen Sprung vom Kasten auf eine Matte machen.
Jedes Kind darf von dem Kasten auf die Matte springen – geben Sie Hilfestellung, wenn nötig.

Nun sind alle fit genug für den Raketenstart.
Sie ziehen ihren Raumanzug an.
Das Anziehen des Raumanzuges nachahmen.

Jetzt noch die schweren Stiefel und den Helm aufsetzen.
Pantomimisch Stiefel anziehen und Helm aufsetzen.

Nun kann es losgehen. Die Astronauten steigen in die Rakete ein und machen sich bereit für den Start.
In die Hocke gehen.

Der Countdown geht los: 10 … 9 … 8 …
Die Kinder zählen von 10 bis 0 herunter.

Start!
In die Luft springen.

Wir fliegen durchs All in Richtung Mond.
Durch den Raum rennen.

Achtung, wir landen auf dem Mond!
Die Kinder werden langsam und gehen wieder in die Hocke.

Wir sind gelandet, Luke auf und aussteigen. Nun lasst uns auf dem Mond spazieren gehen. Das ist gar nicht so einfach.
Die Kinder stellen sich hin und hüpfen durch den Raum, mal auf zwei, mal auf einem Bein.

Nun wieder zurück in die Rakete und ab nach Hause.
Die Kinder setzen sich und nach einer kurzen „Flugphase" sind alle wieder im Kindergarten angekommen.

36 Eine Mondrakete für die Gruppe

KREATIVAKTION MIT SPIEL

ALTER ab 2 Jahren (Spielen)

ZIELE Feinmotorik, Spielfreude

MATERIAL Kopiervorlage „Rakete", schwarzer Tonkarton, Schnur, zwei Holzperlen ca. 1 cm, schwarzer Stift, Kleber, Schere, Tonpapier in Weiß, Blau, Grün, Gelb, Hellblau, sowie Reste von buntem Papier

Mal kurz zum Mond fliegen? Mit diesem tollen Spielzeug können die Kinder den Mondflug immer wieder nachspielen. Sie können es platzsparend einfach an der Gruppenraumwand anbringen.

Für den Weltraum schneiden Sie gemeinsam mit den Kindern den schwarzen Karton auf eine Größe von ca. 50 cm Länge und 25 cm Breite zu. Schneiden Sie einen Kreis mit einem Durchmesser von ca. 10 cm aus dem weißen Papier. Die Kinder gestalten diesen mit einem Bleistift als Mond. Für die Erde nun einen Halbkreis ca. 20 cm im Durchmesser aus dem hellblauen Papier ausschneiden und etwas grünes Papier als „Land" draufkleben. Die Erde unten und den Mond oben mittig auf dem schwarzen Tonkarton aufkleben.

Aus gelbem Tonpapier noch ein paar Sterne gestalten und auch aufkleben. Beim Ausschneiden und Gestalten können die Kinder mithelfen und auch eigene Ideen einbringen.
Oben und unten, in die Mitte des schwarzen Kartons, jeweils 2,5 cm vom Rand entfernt, ein Loch für die Schnur stechen. Die Schnur auf ca. 110 cm zuschneiden und von hinten durch das untere Loch ziehen, anschließend wieder durch das obere Loch nach hinten. An jedem Ende eine Holzperle befestigen.

Gestalten Sie eine Rakete, ca. 10 cm groß. Dazu können Sie die Kopiervorlage „Rakete" in verkleinerter Form verwenden. Bevor die Rakete an der Schnur befestigt wird, diese so weit nach unten ziehen, bis die andere Perle gerade noch unter dem Karton zu sehen ist.
Die Rakete am unteren Teil der Schnur befestigen, die auf der Erde liegt. Dazu können Sie Kleber oder Klebefilm verwenden.
Zieht man jetzt an der Perle am Karton, fliegt die Rakete zum Mond. Zieht man auf der anderen Seite, landet sie wieder auf der Erde.
Befestigen Sie den Karton an der Wand, damit die Kinder die Rakete starten und landen lassen können.

37 Mondlandung

EINE SELBST GEMACHTE SPIELLANDSCHAFT

ALTER ab 3 Jahren

ZIELE Feinmotorik, Fantasie, Kreativität, Sprache, Ausdruck

MATERIAL Kopiervorlage „Mondlandung", Kopiervorlage „Rakete", schwarze Tücher, Korken, Styroporkugeln, Steine, weißes Papier, Farbstifte, Alufolie
Für das Auto: vier PET-Flaschendeckel, Holzspieße, Trinkhalme, Klebstoff, Holzbrettchen, Nagel, alternativ: Spielzeugauto, Alufolie

Bauen Sie mit den Kindern eine Dekoration für den Gruppenraum, die auch zum Spielen einlädt. Mit dieser selbst hergestellten Spiellandschaft haben die Kinder eine Kulisse für viele tolle Spielideen. Schon das Aufbauen regt die Fantasie an und macht Riesenspaß.

Die Kinder bemalen die Vorlage des Raumfahrers und der Rakete. Beides ausschneiden und an einem Korken befestigen, damit die Raumfahrer/Raketen stehen können.
Bereiten Sie den „Spieltisch" gemeinsam mit den Kindern vor. Legen Sie schwarze Tücher oder auch Papier aus. Steht der Tisch an der Wand, kann auch die Wand zum Weltraum gestaltet werden. Sie können die weißen Styroporkügelchen ausbreiten und auch Steine dazulegen.
Mit den Kindern können Sie auch noch Mondfahrzeuge gestalten. Dazu einfach vorhandene Fahrzeuge mit Alufolie umwickeln. Sie können aber auch ganz einfach eigene Weltraumautos bauen: Damit das Fahrzeug fährt, brauchen Sie Trinkhalme, Holzspieße und vier Flaschendeckel. Außerdem benötigen Sie ein Holzbrett, etwa 4 bis 6 cm breit und zwischen 10 und 20 cm lang. In die vier Flaschendeckel mittig ein Loch (beispielsweise mit einem Nagel) stechen. Die zwei Holzspieße auf die Breite des Brettes, plus jeweils 1,5 cm pro Seite Zugabe, kürzen. Die zwei Trinkhalme ebenfalls in der Breite des Brettes zuschneiden. (Die Halme müssen kürzer sein als die Holzspieße, damit sich die Achse drehen kann.)
Die Holzspieße in die Trinkhalme stecken und beide Achsen mit Klebestreifen auf der Unterseite des Brettes befestigen. Dann die gelochten Flaschendeckel aufsetzen und mit Kleber am Holzspieß fixieren. Fertig ist ein Weltraumauto, das die Kinder nach eigenen Ideen noch weiter ausgestalten können.

Fragen Sie die Kinder, was sie noch für die Mondlandung benötigen könnten, z. B. Raketen, Mondgestein, Werkzeuge ... Diese Dinge gestalten die Kinder frei. Geben Sie aber Unterstützung, falls gewünscht.

TIPP Sie können Ihre Spiellandschaft auch mit Spielmaterial aus dem Spielzeughandel ergänzen!

38 Sterne

SACHGESPRÄCH MIT KREATIVAKTION

ALTER ab 4 Jahren

ZIELE Sachwissen

MATERIAL Bild der Sonne, schwarzes Tonpapier in DIN A4, Locher, Taschenlampe, Schere, gelbes Papier, blauer Tonkarton oder Stoff, Klebefilm

Wenn es nachts besonders dunkel und der Himmel klar ist, sehen wir Tausende Sterne als winzige Lichtpunkte über unseren Köpfen funkeln: die Sterne. In dieser Aktion finden die Kinder heraus, warum man Sterne nur nachts und nicht am Tag sehen kann.

Lochen Sie das schwarze Tonpapier mit dem Locher. Drucken Sie aus dem Internet ein Bild der Sonne aus, die diese als großen Feuerball zeigt.

Im Sitzkreis zeigen Sie den Kindern die Taschenlampe. Zuerst leuchten Sie in einem hellen Raum von hinten auf das schwarze Papier. Was passiert? Die Kinder sehen nicht viel.
Jetzt verdunkeln Sie den Raum. Nun wieder leuchten und die Kinder sehen viele Lichtpunkte im Raum leuchten. Wenn Sie gegen eine Wand strahlen, wird es viel deutlicher für die Kinder.

So ähnlich ist es mit den Sternen: Am Tag ist die Sonne so hell, dass wir die Sterne nicht sehen können. Erst wenn es dunkel wird, können wir das Funkeln der Sterne am Himmel sehen.

Im Anschluss daran bietet sich ein Gespräch mit den Kindern über die Sterne an.
Lassen Sie die Kinder zuerst Ideen sammeln und zeigen Sie das Bild der Sonne.
Auch unsere Sonne ist ein Stern. Die anderen Sterne, die wir am Nachthimmel sehen, sind genauso wie die Sonne, allerdings viel, viel weiter weg als diese. Deshalb sehen sie auch viel kleiner aus.
Sterne bestehen aus Gas, das verbrennt, daher leuchten sie.
Stellen Sie den Kindern die Frage, warum man die Sonne immer mit Strahlen/Zacken malt. – Es ist das Licht, das strahlenförmig beim Verbrennen ausgesendet wird. Im Gegensatz zu Planeten, deren Lichtschein ruhig und gleichmäßig ist, ist es für Sterne typisch zu funkeln oder flackern, also scheinbar ihre Helligkeit zu verändern. So lassen sich Planeten und Sterne am Nachthimmel auf einfache Weise unterscheiden.

Hängen Sie ein schwarzes oder dunkelblaues Tuch oder eine Decke als Weltraum an die Wand und lassen Sie die Kinder aus gelbem Tonpapier Sterne ausschneiden. Mit Klebestreifen werden diese am Tuch befestigt. So entsteht ein kleiner selbst gebastelter Sternenhimmel.

39 Sternentanz

BEWEGUNGSAKTION

ALTER ab 2 Jahren

ZIELE Bewegungsfreude, Grobmotorik, Fantasie

MATERIAL Chiffontücher, Schellenkranz, eventuell Meditationsmusik

Diese Bewegungsaktion mit Chiffontüchern eignet sich besonders für die jüngeren Kinder, denn jeder darf sich nach seinen Fähigkeiten bewegen.

Für diesen meditativen Tanz bekommt jedes Kind, das teilnehmen möchte, ein Chiffontuch und verwandelt sich in einen Stern.
Stellen Sie die Musik an. Die Kinder können sich nach eigenen Ideen frei dazu durch den Raum bewegen. Lassen Sie die Kinder herausfinden, wie es sich anfühlt, sich mit einem Tuch zu bewegen. Nach Wunsch können Sie oder ein Kind die Sterne bei ihrem Tanz mit einem Schellenkranz begleiten. Impulsfragen und Vorschläge für das Tanzen mit dem Tuch könnten sein:

- Wie fühlt es sich an, wenn ihr das Tuch über euren Kopf haltet und es hinter euch herflattert?
- Möchtet ihr euch mit eurem Tuch drehen?
- Wie könntet ihr das Funkeln der Sterne darstellen (das Tuch schwenken, das Tuch ganz klein zusammenkneten, dann auffalten)?
- Werft euer Tuch nach oben und versucht es zu fangen.
- Malt mit eurem Tuch Kreise vor und neben dem Körper.
- Alle Sterne treffen sich in der Mitte, gehen in eine Ecke oder laufen an der Wand entlang.

Zum Abschluss können die Sterne müde werden, sich ganz klein machen und das Tuch über sich ausbreiten.

40 Die Sternenkönigin

FANTASIEREISE

ALTER ab 3 Jahren

ZIELE Entspannung, Zuhören, Körperwahrnehmung, Konzentration, Fantasie

MATERIAL Decken, Kissen, Matten, Lichtquelle, Farbstifte, Sternenmandala, Meditationsmusik

Bei dieser Fantasiereise geht es hoch hinaus für die Kinder. Gemeinsam mit der geheimnisvollen Sternenkönigin können die Kinder eine kleine Reise in die Entspannung unternehmen.

Kopieren Sie ein Sternenmandala und stellen die Farbstifte bereit. Dunkeln Sie den Raum ab und stellen eine Lichtquelle in die Mitte.

Die Kinder nehmen sich ein Kissen oder eine Decke und machen es sich um die Lichtquelle herum auf den Matten gemütlich. Lassen Sie die Kinder auch einmal herausfinden, in welcher Liegehaltung sie am besten entspannen können. Auf dem Rücken liegend, die Arme und Beine seitlich, funktioniert es oft am besten. Nach Wunsch können die Kinder auch die Augen schließen – je nachdem, wie es den Kindern angenehm ist.
Lesen Sie nun die Geschichte langsam und mit kleinen Pausen vor.

Geschichte

Stell dir vor, du liegst in einer klaren dunklen Nacht auf einer Wiese und schaust nach oben in den Himmel. Du kannst unzählige Sterne leuchten sehen. Es gibt so viele, dass man sie nicht zählen kann. Große und kleine, gelb leuchtende und matte, solche mit Schweif und ohne einen.
Heute hast du Glück, du kannst die Sternenkönigin am Himmel sehen. Sie ist der hellste und größte Stern von allen. Schon viele, viele Jahre ist sie dort am Himmel. Alle anderen Sterne lieben ihre Königin, weil sie klug und gerecht ist. Sie ist auch immer gut zu den anderen und hilft, wenn jemand in Not ist.
Zum Beispiel damals, als sich ein kleiner Stern zu weit aus dem Himmelsfenster gelehnt hatte und hinunter auf unsere Erde gefallen war. Er versank in einem See und kam nicht mehr zurück zu seinen Brüdern und Schwestern an den dunklen Sternenhimmel. Er rief um Hilfe, doch die anderen Sterne wussten nicht, wie sie den kleinen Stern wieder heraufholen konnten.
So riefen sie nach der Sternenkönigin. Die Sternenkönigin überlegte einen Augenblick, dann schickte sie eine kleine, weiche Wolke zur Erde und gab ihr einen goldenen Zacken von ihrer Krone mit. Leise schwebte die Wolke mit dem Sternenkronenzacken hinunter zum See und erblickte auch bald den kleinen Stern, der traurig auf dem Grund des Sees saß. Die Wolke tauchte den Zacken der Krone ins Wasser und sogleich hielt sich der kleine Stern daran fest und wurde mit aller Kraft aus dem See gezogen.

Weil der kleine Stern so erschöpft war, legte er sich auf die Wolke und sie schwebten gemeinsam zum Himmel zurück. Der Weg dorthin war weit, doch das störte den kleinen Stern nicht. Er war auf der Wolke so geborgen und sicher. Die Wolke war warm und kuschelig weich. Sie duftete nach Sternenstaub und Himmelsluft.
Der kleine Stern konnte alles genau fühlen, was ihn umgab. Kannst du auch spüren, wie wohl sich der kleine Stern jetzt fühlte?
Er war ganz ruhig und entspannt, genau wie du jetzt. Die Ruhe strömte wie ein Fluss durch seinen Körper und er fühlte, wie glücklich er war. Nach einiger Zeit kamen er und die Wolke bei den anderen Sternen und der Sternenkönigin an. Alle waren froh, dass der kleine Stern wieder bei ihnen am Himmel war. Die Sternenkönigin bedankte sich bei der Wolke und als Belohnung durfte sie den goldenen Sternenkronenzacken behalten.
Vielleicht kannst du die Wolke mit dem goldenen Sternenkronenzacken mal am Himmel entdecken, denn sie leuchtet aus den anderen Wolken heraus.

Zum Abschluss

Geben Sie den Kindern Zeit, um wieder zurückzufinden. Nach Wunsch können Sie die Meditationsmusik anstellen. Die Kinder können ein Mandala anmalen oder die Wolke mit dem Sternenzacken malen – so wie sie ihrer Ansicht nach aussehen könnte.

41 Sternenkekse

BACKEN UND KOCHEN

ALTER ab 3 Jahren

ZIELE Arbeitsabläufe erfassen, Materialkunde, Feinmotorik

MATERIAL Ausstechförmchen für Sterne und Monde, Backpapier, Rührschüssel, Backblech, Rührgerät, Wellholz, Küchenwaage
Für den Teig (ergibt acht Bleche): 900 g Mehl, 450 g Butter, 450 g Zucker, 3 Eier, 3 Pck. Vanillezucker

Sterne und Monde zum Aufessen: Diese leckeren Weltraumkekse passen als Nachtisch oder als Highlight bei einer Weltraumparty.

Suchen Sie gemeinsam mit den Kindern die nötigen Küchenutensilien und Zutaten zusammen. Besprechen Sie mit den Kindern, welche Lebensmittel es sind und wofür Sie sie benötigen, dann geht es an den Teig:
Zuerst den Zucker abmessen. Genauso verfahren Sie mit der Butter und dem Mehl. Nacheinander kommen die Zutaten in die Rührschüssel, zuerst die Butter, dann Zucker, Vanillezucker und das Ei. Mit einem Rührgerät wird alles verquirlt. Jetzt Löffel für Löffel das Mehl (am besten vorher noch sieben) zugeben. Mit den Händen können die Kinder den Teig nun weiterkneten, bis ein geschmeidiger Mürbeteig entstanden ist. Den Teig sollten Sie mindestens eine Stunde kühl stellen. Im Anschluss können die Kinder kleine Portionen vom Teig kneten und ausrollen. Mit den Förmchen stechen die Kinder Sterne und Monde aus. Alle Plätzchen kommen auf die mit Backpapier belegten Bleche und müssen im vorgeheizten Ofen bei 180 °C etwa 10 bis 15 Minuten goldbraun backen.

TIPP Zum Kneten können Sie die Teigmasse in kleinere Portionen teilen, die für die Kinderhände besser handzuhaben sind. Später kommt dann alles zu einem großen Teigklumpen zusammen.
Damit es beim Ausstechen der Plätzchen gerecht zugeht, legen Sie eine Teigmenge in Gramm fest, die jeder zum Ausstechen seiner Plätzchen bekommt. 100 g Teig ergeben in etwa 15 Plätzchen.
Falls es Streit über die Teigmenge für jedes Kind gibt: Wiegen Sie die Klumpen mit den Kindern doch einfach ab. So können die Kinder gleich mathematische Grunderfahrungen mit Gewichten, Mengen und Maßangaben machen.

42 Sternengucker

SACHGESPRÄCH MIT KREATIVAKTION

ALTER ab 5 Jahren

ZIELE Sachwissen Sternbilder, Fantasie, Feinmotorik, Sprache

MATERIAL Kopiervorlage „Sternbilder 1 & 2“, Kopiervorlage „Sternzeichen“, schwarzer Tonkarton, weißer Holzstift, Schere, Kleber, Prickelnadeln, Prickelunterlagen, Karton

Schon seit langer Zeit ordnen die Menschen Gruppen von Sternen zu Sternbildern. Auch unsere Sternzeichen gehören dazu. Mit diesem Experiment können die Kinder ihr Sternzeichen zum Leuchten bringen.

Kopieren Sie die Sternbilder sowie die Sternzeichen und schneiden Sie alle Bilder einzeln zu. Den Fotokarton in zwölf Quadrate á 12 × 12 cm schneiden.

Schon vor Tausenden von Jahren haben die Menschen in den Sternen Bilder gesehen: Sie haben Sterne zu verschiedenen Symbolen zusammengefasst, den Sternbildern. Zu den Sternbildern gehören auch die Sternzeichen: Sternbilder, die nah der Bahn der Sonne liegen (von der Erde aus beobachtet). Wir alle sind unter einem bestimmten Sternbild, das zum Zeitpunkt unserer Geburt am Himmel stand, geboren. Wissen die Kinder ihr Sternzeichen?

Einige Kinder werden es kennen und wissen, dass sie z. B. Widder, Jungfrau oder Stier sind. Wenn nicht, erklären Sie ihnen, dass man aufgrund seines Geburtsdatums bestimmen kann, wer welches Sternzeichen hat. Man ordnet jedes Datum einem Sternzeichen zu, da dieses Sternzeichen zu bestimmten Zeiten im Jahr sehr gut zu sehen ist.
Betrachten Sie dazu Bilder von Sternzeichen und Sternbildern. Sprechen Sie dabei die Sternzeichen der teilnehmenden Kinder durch.
Dann erhält jedes Kind eine Kopie eines Sternzeichens (des eigenen oder eines selbst ausgewählten), sie dienen als Schablone für die folgende Kreativaktion. Die Kopie legen die Kinder nun auf den schwarzen Fotokarton. Dann prickeln die Kinder mit der Prickelnadel entsprechend der angegebenen Sterne durch den Karton. Dabei werden die Kinder feststellen, dass es in ihrem Sternzeichen größere und kleinere Punkte gibt. Die größeren Löcher kann man mit Drehbewegungen der Nadel herstellen.
Wenn die Sternbilder fertig sind, bringen Sie im Karton ein 10 × 10 cm großes Loch an. Die ausgeprickelten Sternzeichenbilder können die Kinder jetzt vor diesem Loch befestigen und in einem abgedunkelten Raum mit einer Lampe von hinten beleuchten. Jetzt können die Kinder ihr Sternzeichen leuchten sehen.

43 Weltraumparty

GEMEINSCHAFTSAKTION

ALTER ab 3 Jahren

ZIELE Gemeinschaftsgefühl, Spielfreude

MATERIAL Kopiervorlage „Einladung“, Kopiervorlage „Medaille“, Kopiervorlage „Weltraumrallye“, Kleidung und Essen, Papier in verschiedenen Farben, drei Schuhkartons, gebastelte Raketen und Sterne, blaues Tuch, Gegenstände für Fühlstation, 10 Teppichfliesen, Schere, Kleber, Bild von der Erde und ggf. anderen Planeten, Bilder von Gegenständen (z. B. Stuhl, Gießkanne), Tonkarton in Schwarz, Kuscheltier oder Bild einer Maus, Wolle, Farbstifte, Muffinförmchen (Papier), Band für die Medaille

Ein passender Abschluss für Ihr Weltraumprojekt ist eine Weltraumparty. Laden Sie nach Wunsch und Möglichkeit die Familien dazu ein. Als einer der Höhepunkte bietet sich diese Weltraumrallye an.

Beim Elternfest startet jede Familie auf den Sternenpfad. Unterwegs werden Raketen auf Aufgaben hinweisen. Die Fragen und die einfachen Aufgaben bewältigt die Familie gemeinsam.

Kleidung
Die Kinder kommen nach Wunsch als Astronauten verkleidet, etwa mit den selbst gebastelten Helmen.

Essen & Trinken
Nutzen Sie die Anregungen aus diesem Heft wie den Raketenkuchen, den Astronautencocktail oder die Sternenkekse. Mit Nudeln in Sternchenform können Sie noch Suppen oder einen Nudelsalat herstellen.

Weltraumrallye
Schneiden oder stanzen Sie Sterne aus, die als Wegweiser für die Teilnehmer dienen sollen und die Sie zwischen den einzelnen Stationen als Wegweiser oder Spur auslegen oder aufkleben können. Die Stationen erhalten als Erkennungszeichen immer eine Rakete. Insgesamt benötigen Sie sieben Raketen. Das können z. B. die gebastelten Raketen der Kinder sein.

Legen Sie mit den Sternen eine Wegstrecke fest (je nach Jahreszeit/Wetter im Freien oder drinnen), die die Familien ablaufen. Gestalten Sie die Stationen wie nachfolgend angegeben.

Am Start erhält die Familie einen Aufgabenzettel und zählt einen Countdown ab. Nach Beendigung der Strecke versehen Sie die Zettel mit einem Stempel oder Aufkleber als „Beurkundung" und geben ihn wieder an die Familien zurück. Alternativ oder zusätzlich können Sie auch eine Medaille ausgeben.

Fragen/Aufgaben:

1. Wer kann den Planeten/die Planeten erkennen?
   Hängen Sie das Bild der Erde und eventuell auch der anderen Planeten auf.

2. Puzzle – Was versteckt sich hier?
   Auf schwarzen Tonkarton kleben Sie einen weißen Kreis. Schraffieren Sie den weißen Kreis etwas mit Bleistift und ein Mond entsteht. Zerschneiden Sie den Karton in 6 bis 8 Teile. Wenn die Familien die Teile richtig zusammensetzen, erkennen sie den Mond.

3. Sterne zählen
   Hängen Sie 5 bis 10 Sterne auf, die die Familien gemeinsam zählen.

4. Fühlstation
   Schneiden Sie in drei Schuhkartons Löcher, in die man hineingreifen kann. Geben Sie jeweils in die Kartons einen Stein, eine Kugel, einen plastischen Stern (Holz/Kunststoff). Können die Familien ertasten und erraten, was sie finden?

5. Was gehört nicht in den Weltraum?
   Hängen Sie an einem blauen Tuch gelbe Sterne auf. Zwischen die Sterne hängen Sie 2 bis 3 Bilder von Dingen, die nicht passen, z. B. Stuhl oder Gießkanne.

6. Planetenhüpfen
   Legen Sie bis zu 10 Teppichfliesen oder Ähnliches hintereinander auf einem Weg aus. Die Familien müssen von Fliese zu Fliese hüpfen, ohne den Boden zu berühren.

7. Welches Tier versteckt sich hier?
   Zum Abschluss der Rallye verstecken Sie ein Tier, z. B. eine Weltraummaus, die die Familie gemeinsam finden muss.
   Markieren Sie den Bereich kurz vor dem Ziel mit einer Rakete. Das Tier kann dann im Freien auf einem Baum/Strauch sitzen. Im Innenraum kann es sich in einer Ecke oder auf einem Möbelstück „verstecken".

Zum Abschluss erhält jedes Kind eine Medaille. Kopieren Sie im Vorfeld die Vorlage und schneiden Sie diese aus. Streichen Sie ein Muffinförmchen glatt und kleben die Vorlage mittig auf. Die Familie kann am Schluss die Medaille/n selbstständig bemalen und mit einem Band zum Umhängen versehen.
Auch möglich: Sie bemalen die Vorlage selbst und machen ausreichend Farbkopien, kleben die Medaillen zusammen und bringen auch schon die Schnur oder das Band zum Umhängen an. Dann können Sie zum Abschluss jeder Familie ihre Medaille überreichen.

Rakete

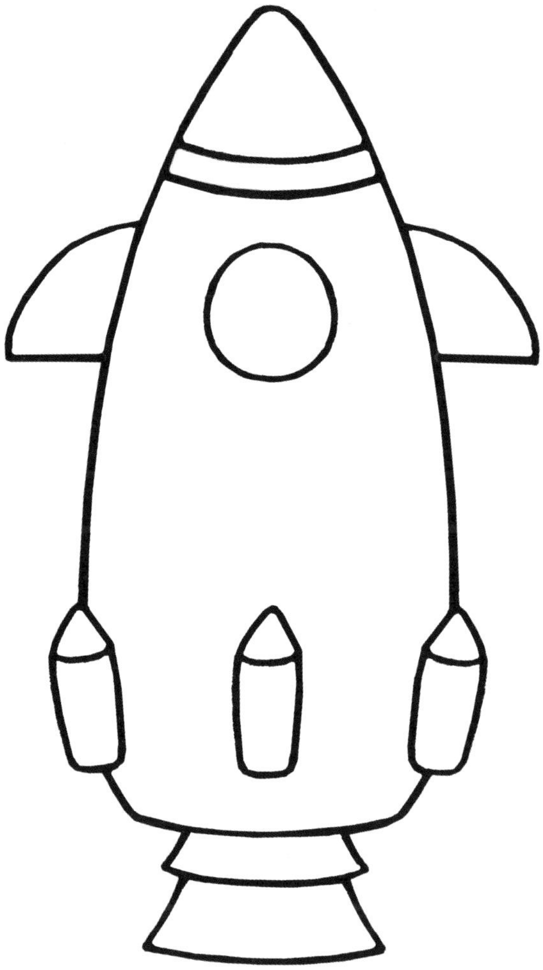

Urkunde

....

NAME

für den bestandenen Test als

ASTRONAUT/IN

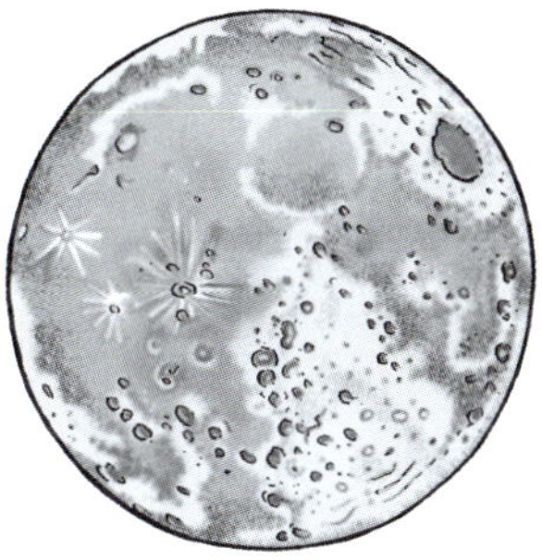

Mond

Mondphasen

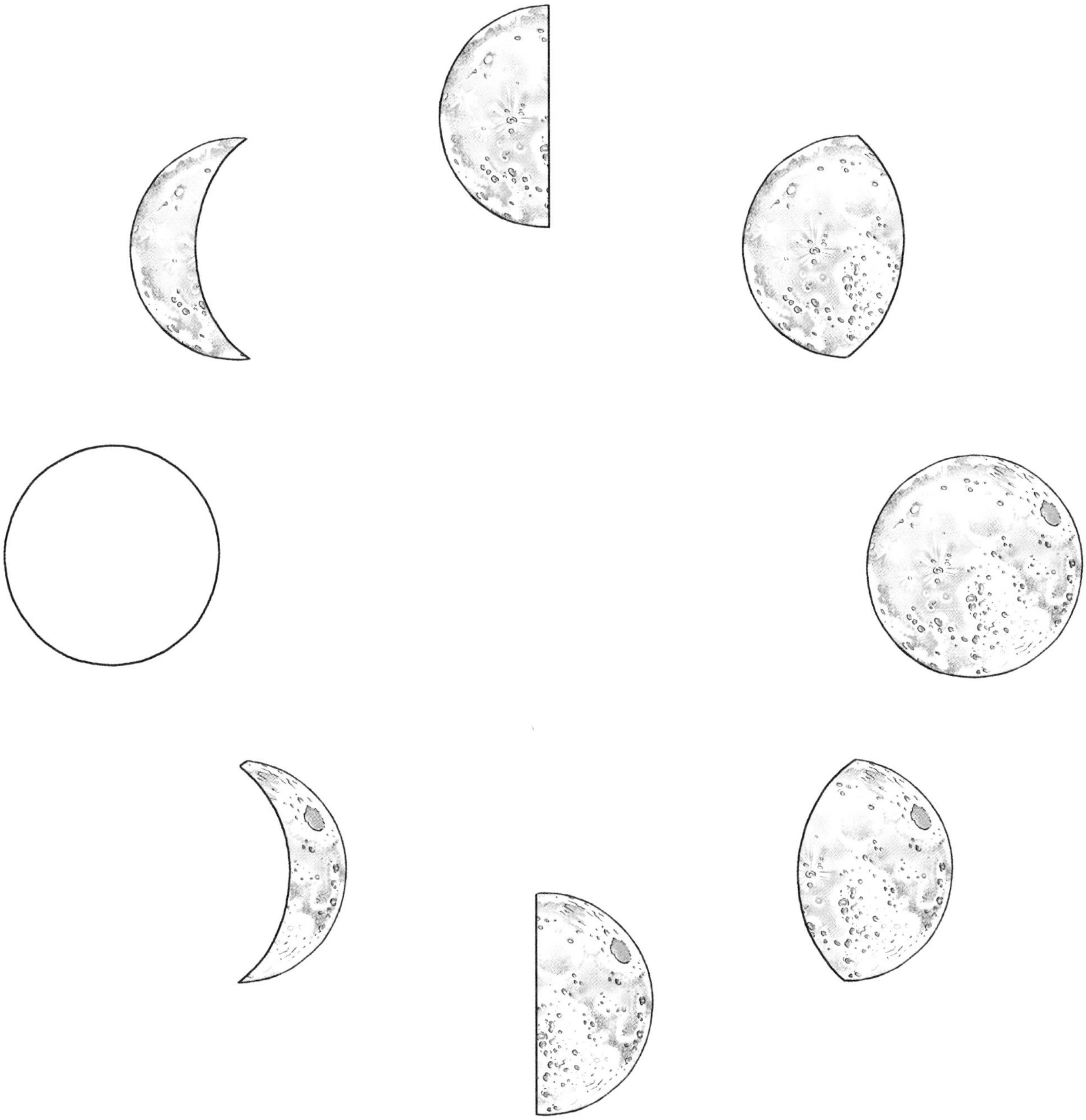

Mondlandung

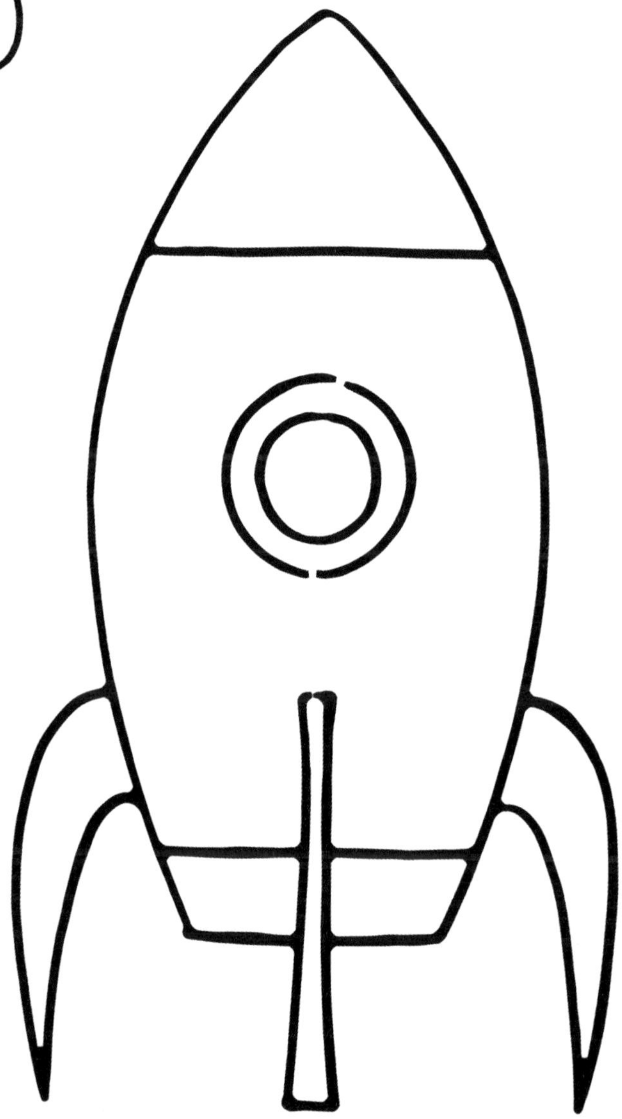

Sternzeichen

Aries
Widder

Taurus
Stier

Gemini
Zwillinge

Cancer
Krebs

Leo
Löwe

Virgo
Jungfrau

Libra
Waage

Scorpio
Skorpion

Sagittarius
Schütze

Capricorn
Steinbock

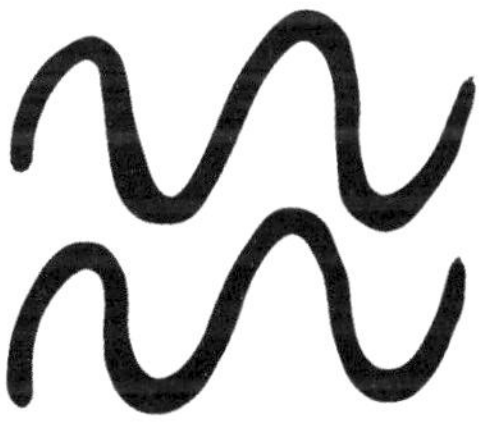

Aquarius
Wassermann

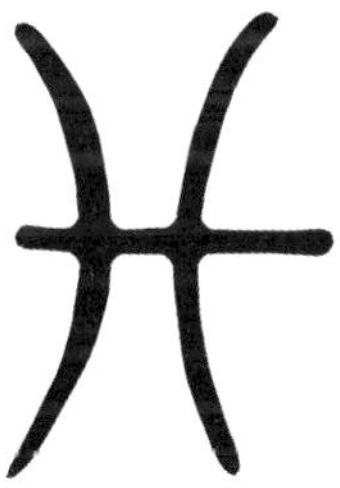

Pisces
Fische

Sternbilder 1

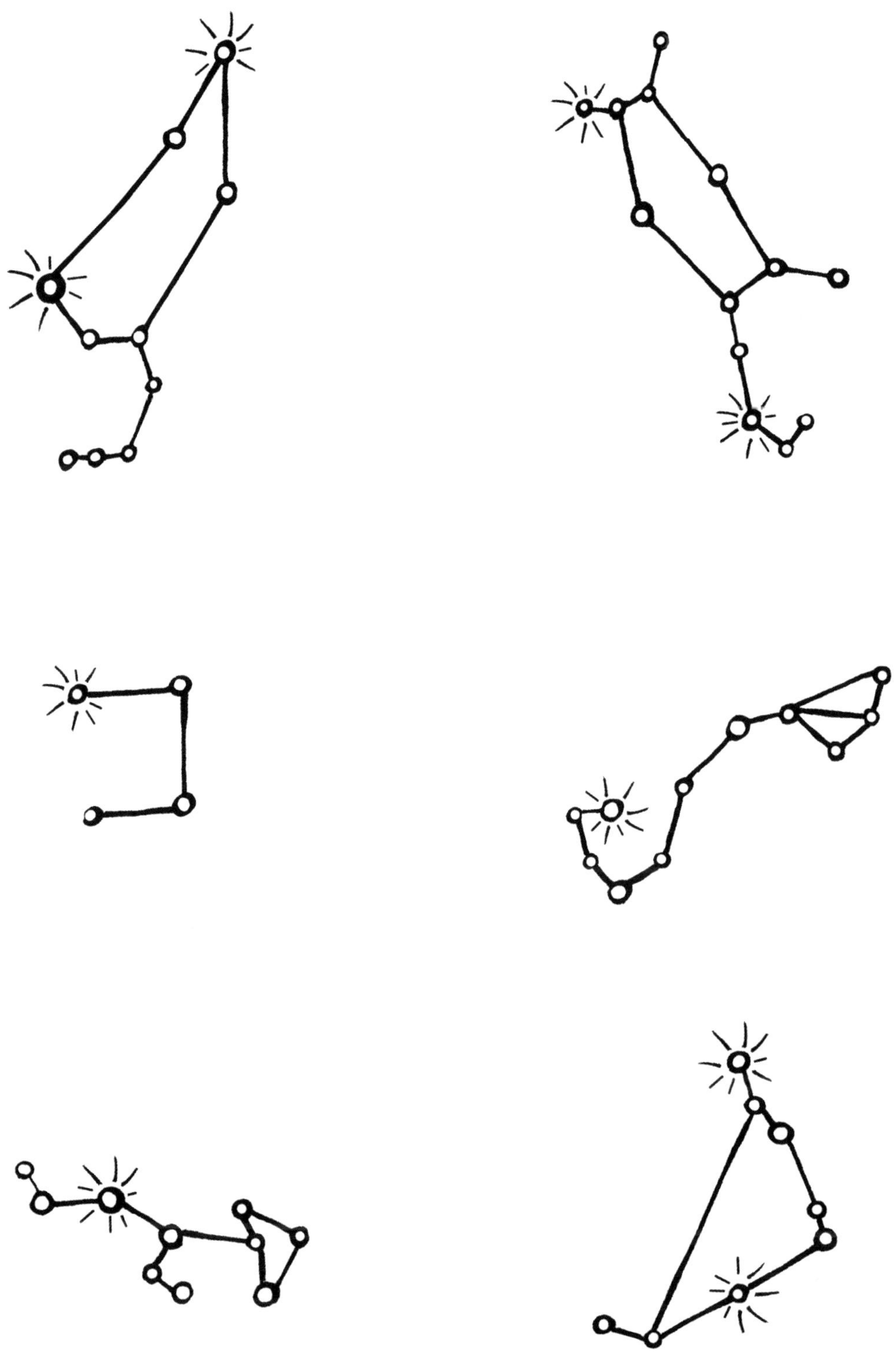

Sternbilder 2

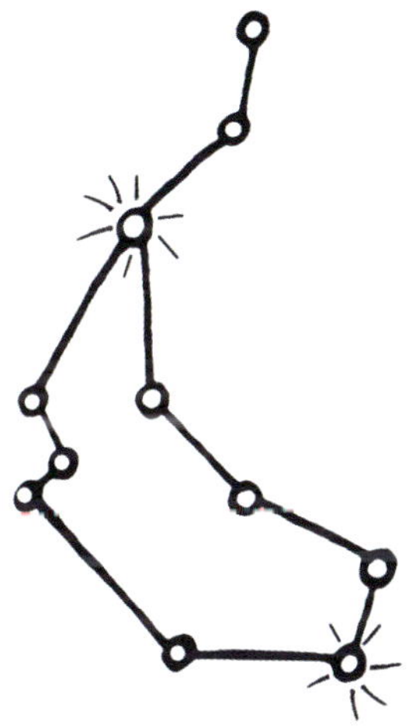

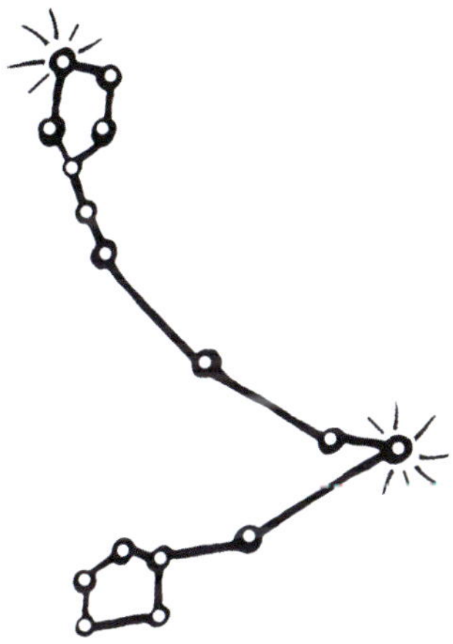

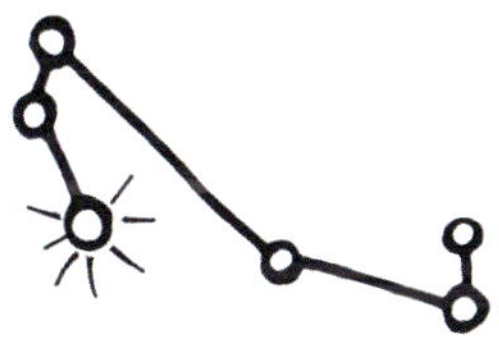

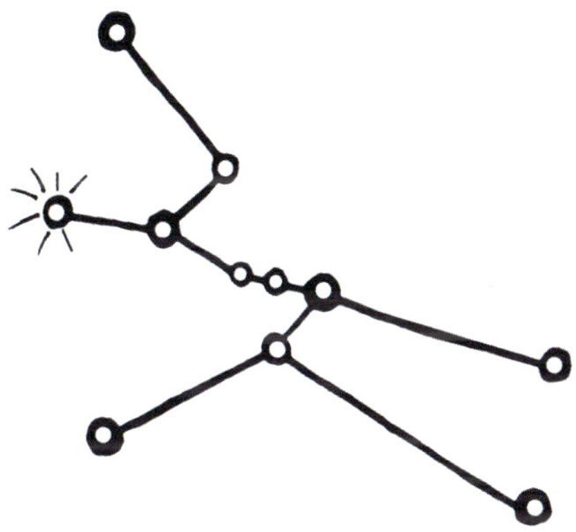

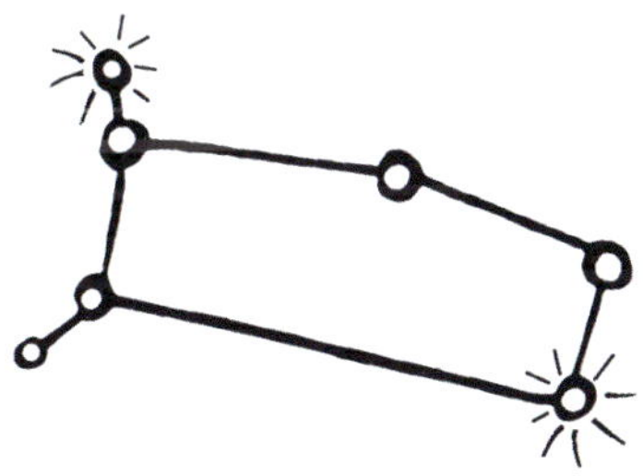

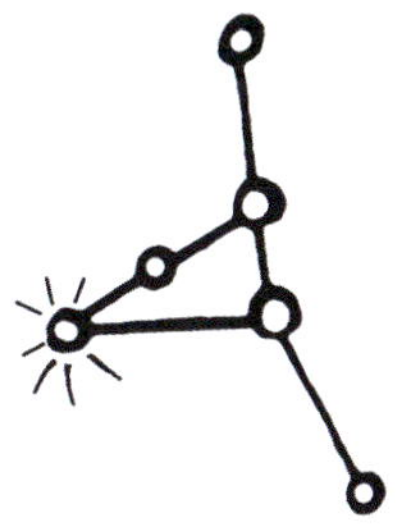

Einladung

Liebe Familie ....!

Ihr seid herzlich zur Weltraumparty

am .... um .... Uhr

eingeladen.

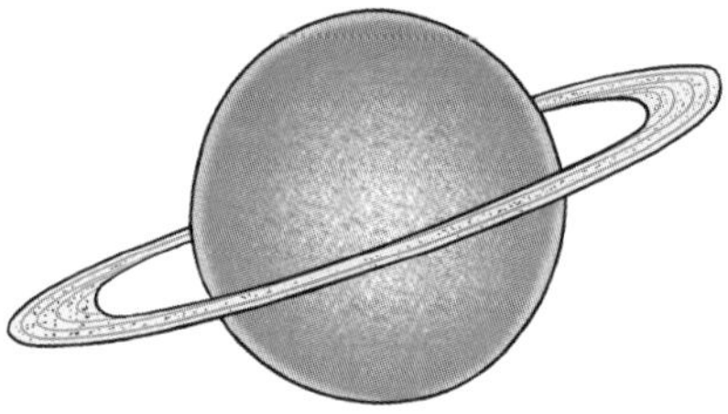

Die Rückanwort bitte bis zum .... abgeben.

Familie ....

nimmt mit .... Personen an der Weltraumparty teil.

....

Datum Unterschrift

Medaille

Weltraumrallye

FAMILIE ....

Folgt den Sternen und haltet Ausschau nach Raketen, dort findet ihr eure Aufgaben.

1. Wie heißt dieser Planet?

....

2. Setzt das Puzzle zusammen. Was könnt ihr erkennen?

....

3. Wie viele Sterne könnt ihr zählen?

....

4. Was könnt ihr fühlen?

....

5. Was gehört nicht in den Weltraum?

....

6. Über wie viele Planeten musstet ihr hüpfen?

....

7. Welches Tier hat sich bei uns versteckt?

....